PraxisRatgeber
Schildkrötenernährung

Dr. Michael Meyer

1971	Friedensnobelpreis
1972	Misstrauensvotum der CDU/CSU scheitert im Bundestag.
1972	Überwältigender Wahlsieg Willy Brandts. Fortführung der sozialliberalen Koalition
1973	Willy Brandt besucht als erster deutscher Bundeskanzler Israel.
	Willy Brandt spricht als erster deutscher Bundeskanzler vor den Vereinten Nationen.
1974	Rücktritt Willy Brandts wegen der Agentenaffäre um den DDR-Spion Günter Guillaume
1976–1992	Präsident der Sozialistischen Internationale (SI)
1977	Vorsitzender der Unabhängigen Kommission für internationale Entwicklungsfragen, der sogenannten Nord-Süd-Kommission
1979–1983	Mitglied des Europäischen Parlaments
1980	Bericht der Nord-Süd-Kommission: »Das Überleben sichern«
	Scheidung von Rut
1983	Zweiter Bericht der Nord-Süd-Kommission: »Hilfe in der Weltkrise«
	Heirat mit Brigitte Seebacher
1984	Auszeichnung mit dem Dritte-Welt-Preis in New York
1985	Albert-Einstein-Friedenspreis
1986	Gründung der Stiftung Entwicklung und Frieden
1987	Rücktritt als SPD-Vorsitzender
	Wahl zum Ehrenvorsitzenden der SPD
1989	Willy Brandt veröffentlicht seine »Erinnerungen«.
1990	Als Alterspräsident eröffnet Brandt im Berliner Reichstagsgebäude die Sitzung des ersten gesamtdeutschen Bundestags.
1991	Auf Antrag Willy Brandts spricht sich der Bundestag mit 338 zu 320 Stimmen für Berlin als neuen Regierungssitz aus.
1992	Am 8. Oktober stirbt Willy Brandt in Unkel bei Bonn.
	Feierlicher Staatsakt im Reichstagsgebäude
	Beisetzung im Waldfriedhof in Berlin-Zehlendorf

Hinter den Kulissen

Als politische Journalistin lernte sie das männliche System der Bonner Republik kennen: In den Gründerjahren der Bundesrepublik interviewte Heli Ihlefeld Politgrößen wie Konrad Adenauer, Ludwig Erhard, Carlo Schmid, Gustav Heinemann, Walter Scheel, Willy Brandt und Helmut Schmidt. Sie begleitete sie auf Auslandsreisen und Wahlkampftourneen und besuchte die Spitzenpolitiker im Urlaub. Als Pressesprecherin der Bundestagspräsidentin machte sie die Frauenpolitik zu ihrem Thema. Als Gleichstellungsbeauftragte kämpfte sie für eine Unternehmenskultur auf Augenhöhe.

Heli Ihlefeld erzählt ihr Leben: das Leben einer mutigen Frau, die sich in einer Männerwelt zu behaupten wusste.

Heli Ihlefeld
Auf Augenhöhe

352 Seiten mit Fotos, ISBN 978-3-7766-2555-4

HERBiG www.herbig-verlag.de

Inhalt

Einleitung

Schildkröten zählen schon seit den Anfängen der Terraristik zu den beliebtesten Pfleglingen. Zunehmende Nachzuchterfolge füllen mittlerweile bei einigen Arten teilweise die Angebotslücken aus, welche durch den Stopp der früheren Massenimporte (vor allem von mediterranen Landschildkröten und nordamerikanischen Sumpf- bzw. Wasserschildkröten) entstanden sind. Trotz dieser positiven Entwicklung sind bei diesen sympathischen Panzerträgern noch immer recht häufig ernährungsbedingte Erkrankungen zu verzeichnen – leider nur zu oft mit tödlichem Ausgang. Sie kommen zwar bei überwiegend pflanzenfressenden Landschildkröten häufiger vor, doch bedeutet das keineswegs, dass Sumpf- und Wasserschildkröten gegen Fütterungsfehler gefeit sind: die Risiken gestalten sich vielmehr art- bzw. ernährungsabhängig; auch an sich unbedenkliche, hochwertige Futtermittel können bei falscher Dosierung oder in falschen Kombinationen fatale Folgen haben.

Die Ernährung ist zwar nur einer von vielen Faktoren, die das Wohlergehen unserer Schildkröten beeinflussen, doch nimmt sie eine Schlüsselstellung ein, und bestimmte Folgen zeigen sich erst relativ spät – eine aussichtsreiche Behandlung ist dann oft unmöglich.

Was die Lebensweise (und damit das Nahrungsspektrum) freilebender Tiere angeht, besteht noch großer Forschungsbedarf. Dennoch lassen sich Leitlinien formulieren, die für eine gesunde Fütterung unserer Pfleglinge sorgen (und so den genannten Folgeschäden weitgehend vorbeugen). Dazu will dieses Buch im Rahmen seiner Möglichkeiten einen Beitrag leisten.

Wer sich eingehender über die Hintergründe dieses wichtigen Themas informieren will, sollte die leider nicht ohne Weiteres erhältliche Dissertation von Dr. Carolin DENNERT (Tierärztliche Hochschule Hannover 1997) bzw. die einschlägigen Beiträge von FRYE (1996²), PALIKA (1997) und HIGHFIELD (1987–2000) studieren.

Wichtige Adressen in Deutschland

Deutsche Gesellschaft für Herpetologie und Terrarienkunde e.V.
Postfach 14 21
D-53351 Rheinbach
Fon +49-22 25-70 33 33
Fax +49-22 25-70 33 38
E-Mail: gs@dght.de
URL: http://www.dght.de

Innerhalb der DGHT existiert eine spezielle Arbeitgemeinschaft (AG) „Schildkröten":
Leiter: Thomas Vinke
Dellerstr. 61
42781 Haan
Fax 0 21 29 – 95 70 42
E-Mail: RADIATA-AG@gmx.de
URL: http://www.dght.de/ag/schildkroeten/schildkroeten.htm

Wichtige Adressen im Ausland: siehe S. 119

1. Allgemeines zur Lebensweise der Schildkröten

Die heute noch existierenden Schildkrötenarten werden von der Wissenschaft in zwei Unterordnungen (Halsberger und Halswender) mit 12 Familien, 87 Gattungen und insgesamt über 290 Arten aufgeteilt, von denen immerhin 85 auf der „Roten Liste" der Naturschutzorganisation IUCN stehen. Ihre Anfänge reichen – soweit man dies durch Fossilien belegen kann – bis in das Erdzeitalter der Trias (d.h. ca. 230–250 Millionen Jahre weit) zurück.

Schildkröten zeichnen sich in der Regel durch einen Rückenpanzer (Carapax) und Bauchpanzer (Plastron) aus, die über ihrer knöchernen Grundstruktur eine Epidermis aus mehr oder minder dicken Hornplatten aufweisen.

Eine Ausnahme bilden die drei Familien der Weichschildkröten, Papua-Weichschildkröten und Lederschildkröten, bei denen statt der Hornplatten eine derbe, an den Panzerrändern relativ biegsame Lederhaut den Knochenpanzer überzieht.

Im Gegensatz zu anderen Reptilien sind Schildkröten zahnlos: zum Abbeißen von Nahrungsbrocken dienen Hornschneiden an den Kieferkanten. Ihre stark ausgebildete Kaumuskulatur verleiht allen Schildkröten eine hohe Beißkraft; der Aufbau der Kiefer sorgt überdies dafür, dass Futter beim Abbeißen teilweise zerquetscht wird (KING 1996).

Bei Fleisch- und Allesfressern sind diese in der Regel glatt bzw. scharfkantig, während sich bei Pflanzenfressern und anderen Arten, die sich von derben, stark strukturierten Substanzen ernähren, oft eine sägeartige Zähnelung findet (vgl. Abschnitt 2).

Als wechselwarme Tiere sind Schildkröten im Wesentlichen auf die tropischen, subtropischen und warm-gemäßigten Klimazonen unseres Planeten beschränkt. Mit Ausnahme von Hochgebirgsregionen besiedeln sie dabei alle denkbaren Lebensräume, von Küstendünen über Savannen und Trockenwälder bis zum tropischen (Berg-) Regenwald (einschließlich der örtlichen Still- und Fließgewässer). Viele Arten sind perfekt an die Erfordernisse einer ganz bestimmten „Nische" angepasst und reagieren entsprechend empfindlich auf nachhaltige Veränderungen. Sinngemäß gilt dies auch für ihre Ernährungsweise bzw. ihren „Speisezettel".

Eng damit verbunden sind auch die jeweiligen Vorzugstemperaturen – d.h. der Zeitpunkt, zu dem die einzelnen Arten zu fressen beginnen bzw. ihr Futter wirksam verdauen können. Der Energiebedarf wechselwarmer Tiere ist vier- bis achtmal geringer als der von Vögeln oder Säugern. Dabei ist der sogenannte Erhaltungsumsatz etwa anderthalb mal so groß wie der Grundumsatz. Die Stoffwechselrate ist bei Jung- und Alttieren gleich. Allerdings hängt der Energiebedarf von Masse und Temperatur des Körpers ab: er sinkt während langer Hungerperioden und erhöht sich bei steigenden Temperaturen – im Falle der Rotwangenschmuckschildkröte (*Trachemys scripta elegans*) etwa steigt er zwischen 10 °C und 40 °C um 270 % (DENNERT 1997). Der Großteil der benötigten Energie wird unabhängig von der Temperatur bereitgestellt: Reptilien sind daher – was ihre Beweglichkeit angeht – nicht so stark an ihre Umgebungstemperatur gebunden, wie Laien häufig annehmen.

Der Eiweiß- bzw. Proteinbedarf ist bei Jungtieren höher: während der Wachstumsphase (in der auch viel Calcium und andere Mineralien zum Aufbau von Skelett und Panzer benötigt werden) unterscheidet sich ihr Nahrungsspektrum erheblich von dem erwachsener Tiere: einige Arten von Sumpf-

Große Arten sind auch bei den Schildkröten tendenziell eher Pflanzenfresser. Fleisch- und alles fressende Vertreter herrschen hingegen unter den wesentlich agileren Sumpf- und Wasserschildkröten vor (z.T. jedoch mit altersbedingten Unterschieden; Näheres s.u.). Vereinfacht stellt sich der Anteil der wichtigsten Nährstoffe bei den drei Ernährungstypen (Fleisch-, Alles- und Pflanzenfresser) wie folgt dar:

Nährstoffgruppe	Fleischfresser	Allesfresser	Pflanzenfresser
Eiweiße	25–60%	15–40%	15–35%
Fette	30–60%	5–40%	< 10%
Kohlenhydrate	< 10%	20–75%	55–75%

Tabelle 1: Futterzusammensetzung bei Fleisch-, Alles- und Pflanzenfressern (nach DENNERT 1997)

Je nach den klimatischen Bedingungen sind Schildkröten sowohl im Tages- als auch im Jahresverlauf unterschiedlich aktiv: so können Arten aus Wüsten, Steppen und Trockensavannen, denen kaum Schattenzonen für die Regelung ihrer Körpertemperatur zur Verfügung stehen, nur während der Morgen- und Abendstunden nach Futter oder Partnern suchen. Für den Rest des Tages ziehen sie sich in unterirdische Höhlen (z.T. aufgegebene Nagerbauten), Felsspalten u.ä. zurück. Aus den gleichen Gründen (Verknappung des Nahrungsangebotes!) legen sie im Hochsommer eine oft mehrmonatige Ruheperiode ein. Arten aus den gemäßigten Zonen müssen in der Regel eine Winterruhe durchmachen.

und Wasserschildkröten sind zunächst ganz oder überwiegend Fleischfresser, ernähren sich aber als Alttiere vor allem von Wasserpflanzen.

Ähnlich verhält es sich mit den mediterranen Landschildkröten und jenen Arten, die in vergleichbaren Klimaten leben. Ihr Nährstoffbedarf schwankt je nach

Beeinflusst wird der Nährstoffbedarf unter anderem durch Ruheperioden und den mit der Fortpflanzung verbundenen Aufwand, die Dotterbildung (Vitellogenese) vollzieht sich im Frühsommer und führt zu einem maximalen Anstieg des Bedarfs.

Auch der Energie- bzw. Kaloriengehalt des Futters variiert erheblich: Fleischfresser beziehen aus ihren Beutetieren etwa 0,5-2,5 kcal/g; Fische liefern circa 0,8 bis 2,5 kcal/g, und Insekten spenden ungefähr 0,6-2,2 kcal/g (DENNERT 1997). Bescheidener sieht es bei tropischen Allesfressern (etwa der Köhlerschildkröte *Chelonoidis carbonaria* oder den Gelenkschildkröten der Gattung *Kinixys*) aus: Schnecken enthalten nur 0,1 kcal/g, doch sind ihre Häuser (Calcium!) für den Aufbau von Skelett und Panzer sehr wichtig.

Jahreszeit. Wegen der recht kurzen Aktivitätsphasen ist er geringer als bei ganzjährig aktiven Schildkröten, die Lebensräume mit stabilem Klima (etwa tropische Regenwälder) bewohnen. Überdies steht den genannten Gruppen jeweils ein völlig anders geartetes Nahrungsangebot zur Verfügung, das bei Letzteren ebenfalls je nach Jahreszeit wechselt. Dies gilt auch für den Zugang zu Trinkwasser, der sich stark auf den Stoffwechsel und seine Endprodukte auswirkt: Schildkröten aus Trockengebieten entziehen ihrem Kot im Enddarm den Großteil des Wassers, anstelle von flüssigem Harn scheiden diese Tiere Harnsäuresalze (Urate) als kreidig-kristalline Masse aus, so dass sie bei diesem Vorgang kaum nennenswert Flüssigkeit verlieren. Wieder anders sieht es bei Sumpf- und Wasserschildkröten aus, die sehr häufig Alles- bzw. Fleischfresser sind; ihnen steht meist ganzjährig genug Wasser (samt den darin lebenden Tieren und Pflanzen) zur Verfügung. Allerdings gibt es auch Arten, deren Wohngewässer in extremen Dürreperioden trocken fallen, so dass sich die Tiere im Schlamm eingraben müssen. Das Spektrum der als Beute in Frage kommenden Gliederfüßer, Weichtiere und Würmer kann – ebenso wie das der Futterpflanzen – je nach Klimazone und Jahreszeit erheblich wechseln.

1.1. Pflanzenfresser

Etwa 75 % aller Landschildkrötenarten sind Pflanzenfresser, die übrigen sind Allesfresser; reine bzw. überwiegende Fleischfresser kennt man bisher nicht. Dabei tendieren Tiere aus Gebieten mit ganzjährig stabilen Klimaverhältnissen (etwa den immergrünen Wäldern der Tropen und Subtropen) zum Allesfressertum, Wüsten- und Steppenarten – aber auch mediterrane Schildkröten und die verschiedenen Riesenformen (wie Aldabra- und Galapagos-Schildkröten) – ernähren sich hingegen nahezu ausschließlich von Pflanzen. Überdies variiert die Zusammensetzung ihrer Nahrung jahreszeitlich: Viele Landschildkröten aus überwiegende ariden Gebieten fressen mehr und mehr trockene, heuartige Pflanzenteile (Blätter, Stängel, Blüten und Fruchtstände), wenn der feuchte Frühling allmählich in den trockenen Sommer übergeht und kaum noch wirklich saftiges Futter zur Verfügung steht.

Der Kaloriengehalt der Futterpflanzen ist sehr unterschiedlich (vgl. Tabelle 2): er hängt bspw. vom Entwicklungsstadium der Pflanze ab oder folgt jahreszeitlichen Rhythmen. Überdies wird er von pflanzenfressenden Reptilien sehr unterschiedlich genutzt. Deren Energie- und Proteinbedarf ist außerdem überraschend niedrig: Eine 1 kg schwere Ägyptische Dornschwanz-Agame (*Uromastyx aegyptia*) kann ohne Weiteres mit nur 11,8 kcal pro Tag auskommen (ROBINSON 1995).

Pflanzenteil- oder -gesellschaft	Ø Energiegehalt (kcal/g)
Ausdauernde Gräser	3,905
Grüne Blätter	4,229
Wiesenkräuter	4,177
Samen	5,065
Stängel und Zweige	4,267
Wurzeln	4,720
Tropischer Regenwald	3,897

Tabelle 2: Durchschnittlicher Energiegehalt von Pflanzenteilen und -gemeinschaften (nach GOLLEY 1961)

Pflanzenfresser können dank ihrer Darmflora sogar Zellulose (einen wichtigen Ballaststoff) verwerten. Sie benötigen unbedingt große Mengen rohfaserreichen Futters, das wegen ihrer beschränkten Magenkapazität in mehreren kleinen Portionen angeboten werden muss. Der Aufbau des Verdauungstraktes deutet darauf hin, dass Proteine bei ihnen keine große Rolle spielen, obwohl sie einen Teil ihres Eiweißbedarfs aus der Verdauung ihrer eigenen Darmflora ziehen. (Näheres dazu in Abschnitt 2.)

Untersuchungen der Lebensräume haben ergeben, dass Schildkröten aus Trockengebieten nur selten tierische Proteinquellen nutzen können, während solche aus feuchten Regionen öfter dazu Gelegenheit haben. Sicher verspüren manche *Testudo hermanni* gelegentlich Lust, vorbeikriechende Würmer oder Schnecken zu verspeisen, doch suchen sie niemals gezielt danach. HIGHFIELD (2000) konnte angeblich beobachten, dass sich die meisten mediterranen Landschildkröten (bis auf *Testudo hermanni*) nicht für Schnecken, Würmer oder Insekten interessieren und ihnen gelegentlich sogar gezielt ausweichen.

Häufig wird behauptet, Landschildkröten aus Trockengebieten würden zusätzlich Proteine aufnehmen, indem sie Aas, Kot, Insekten und andere Gliedertiere fräßen. Dies wird nach HIGHFIELD (2000) jedoch durch die Analyse von Kotproben nicht bestätigt: die genannten Bestandteile würden so selten verzehrt, dass sie statistisch unerheblich seien, und das Gleiche gelte für andere

Abb. 1:
Geochelone sulcata –
Man beachte die
gesägte Hornschneide,
die für Pflanzenfresser
charakteristisch ist.
FELIX HULBERT

gelegentlich verzehrte Objekte (Steinchen, Sand, Vogelfedern, „Natternhemden" und Säugerhaare). Zumindest das Fressen von Kot ist in der Fachwelt umstritten: HIGHFIELD (2000) zieht dieses Phänomen stark in Zweifel, während HOFFMANN & BAUR (2000) es ausdrücklich anerkennen und MÜLLER & SCHMIDT (1995) konkret auf den Verzehr von Hyänenkot durch *Psammobates oculiferus* hinweisen. HEINEN berichtete wiederholt, dass Landschildkröten in Griechenland beim Verzehr menschlichen Kots an Raststätten zu beobachten sind.

1.2. Alles- und Fleischfresser

Vertreter dieser Gruppen finden sich vor allem in Wäldern der Tropen und Subtropen, die sich durch ein ganzjährig günstiges Klima (und damit ein dauerhaft reichhaltig-abwechslungsreiches Nahrungsspektrum) auszeichnen; man begegnet ihnen vor allem unter den Sumpf- und Wasserschildkröten.

Da das Nahrungsangebot sogar in Regenwäldern (erst recht aber in nur teilweise immergrünen und laubabwerfenden Feucht- und Trockenwäldern) lokal und jahres-

Abb. 2:

Phrynops hilarii besitzt hingegen als typischer Fleischfresser eine glatte Hornschneide.
Felix Hulbert

Jungschildkröten soll-
ten mindestens zwei- bis
dreimal wöchentlich,
eventuell sogar jeden Tag
gefüttert werden,
erwachsene Exemplare
hingegen nur ein- oder
zweimal pro Woche.
Rind- und Kalbfleisch
ist mit Calcium einzustäuben. Jungtiere können
schon bei der ersten
Fütterung Vorlieben für
bestimmte Futtersorten
entwickeln.

zeitlich stark variieren kann, nutzen diese Arten als sogenannte Opportunisten alle verfügbaren Nahrungs-
quellen. Ihre Verdauungsorgane nehmen eine Mittelstel-
lung zwischen Fleisch- und Allesfressern ein (vgl. Abschnitt 2).

Um ihren häufig recht beweglichen Beutetieren nach-
stellen zu können, ist es für Fleisch- und Allesfresser von
Vorteil, wenn sie vergleichsweise flink sind; besonders
zahlreich findet man sie deshalb unter den Sumpf- und
Wasserschildkröten, die durch ihr Lebenselement begünstigt werden. Auch das Äußere dieser Tiere weist entsprechende Anpassungen auf: sie besitzen bspw. scharfe Krallen zum Zerreißen großer Beutetiere und papageienschna-
belartige Oberkiefer, die beim Festhalten der Opfer helfen
und in gewisser Weise die Funktion von Eckzähnen erfüllen. Es gibt allerdings auch Alternativen: so benutzt etwa
die Geierschildkröte (*Macroclemys temminckii*) einen

Art	Pflanzen	Insekten	Aas	Krebstiere	Mollusken	Sonstiges
Chelydra serpentina	36 %	8 %	20 %	–	–	2 %
Chrysemys picta	65 %	19 %	2 %	5 %	5 %	8 %
Apalone spinifera	–	52 %	–	47 %	–	1 %

Tabelle 3: Analyse des Futterspektrums einiger Wasserschildkröten
(nach HIGHFIELD 2000)

Dem kann man jedoch
durch ein abwechslungs-
reiches Futterangebot
und längere Pausen
zwischen den
Fütterungsterminen
erfolgreich
entgegenwirken.

wurmartigen, lebhaft rosa gefärbten Zungenfortsatz als
Köder, mit dem ahnungslose Fische angelockt werden,
während sie völlig bewegungslos auf Beute lauert. Sumpf-
und Wasserschildkröten können sehr flexibel auf Ände-
rungen des Nahrungsangebotes reagieren. Bei der Rotwangenschmuckschildkröte (*Trachemys scripta elegans*)
etwa ist Nahrung mit einem gewissen Anteil tierischer
Kost nachweislich besser verdaulich (BJORNDAL 1991).

Die Jungtiere vieler Arten (zum Beispiel jene der was-
serbewohnenden Gattungen *Chrysemys, Clemmys, Grapt-
emys, Sternotherus und Trachemys*) sind überwiegend
Fleischfresser: ihr Nahrungsspektrum setzt sich überwiegend aus Wirbellosen, Fischen und Kleinsäugern zusammen, während die Adulti verstärkt bis überwiegend Pflanzen und gelegentlich Früchte fressen. Im Einzelnen können indes – je nach Art – deutliche Unterschiede bestehen.

2. Das Verdauungssystem der Schildkröten

2.1. Der Aufbau des Verdauungstraktes

Schildkröten sind – wie schon erwähnt – durchweg zahn-los; statt dessen bedecken ihre Kiefer lebenslang nach-wachsende Hornschneiden. Diese sind bei pflanzenfres-senden Arten zur besseren Bewältigung des häufig grob-faserigen Futters zu weit in den Rachenraum hineinra-genden „Kauleisten" verbreitert oder haben sogar eine Art Zähnelung ausgebildet, während sie bei überwie-gend fleischfressenden Spezies glatt und scharfgratig sind. Am Oberkiefer findet sich unterhalb der Schnau-zenspitze häufig ein „Papageienschnabel", der gewisser-maßen die Funktion eines Eckzahns erfüllt. Bei der Groß-kopfschildkröte (*Platysternon megacephalum*) dient er gelegentlich sogar als Kletterhilfe. Die Struktur von Kieferknochen und Muskulatur bewirkt, dass die Nah-rung schon beim Abbeißen teilweise zerquetscht bzw. zerrissen wird.

Aufgrund der geringen Größe ihrer Mund- bzw. Schnabelhöhle können Schildkröten nur kleine Bissen aufnehmen. Die fleischige Zunge ist kaum vorstreckbar, unterstützt aber das Verschlucken der Futterbrocken. Je nach Zusammensetzung der Nahrung kann die Schleim-haut im Speiseröhrenbereich bei bestimmten Arten, etwa bei Meeres- und einigen Landschildkrötenarten, stark verhornt sein (vgl. DENNERT 1997). Die Passage von Schlund und Speiseröhre wird durch zahlreiche Spei-cheldrüsen erleichtert. Anders als bei Säugern beeinflusst der Speichel die Verdauung nicht direkt: er dient ledig-lich als „Gleitmittel".

2.1.1. Die Speiseröhre

Die Speiseröhre zieht sich als Schlauch (mit ovalem Querschnitt) oberhalb der Luftröhre hin. Sie ist dank zahlreicher Längsfalten extrem dehnbar und drüsen-reich. Nahrung kann hier unterschiedlich lang gespei-chert werden (bei der Kaspischen Bachschildkröte *Maur-emys caspica* etwa eine Stunde). Die kräftige Wandmusku-latur wirkt auch bei der mechanischen Zerkleinerung der Nahrung mit (so im Falle der Vierzehenlandschildkröte *Testudo [Agrionemys] horsfieldii*).

Abb. 3

Elseya latisternum
gehört zu den
typischen Fleisch- und
Fischfressern.
FELIX HULBERT

Ob zur mechanischen
Zerkleinerung der
Nahrung auch bewusst
Steinchen oder Sand ver-
schluckt werden, ist stark
umstritten; HIGHFIELD
(2000) nimmt dies bei-
spielsweise als gegeben
hin, SASSENBURG (2000)
billigt Steinchen „eine
gewisse Gritfunktion" zu.

2.1.2. Der Magen

Links hinter dem Herzen mündet die Speiseröhre in den
kleinen, muskulösen Magen. Dieser ist mit benachbarten
Organen verwachsen und daher kaum beweglich.

Bei fast allen Schildkrötenarten weisen die Schleimhäute der Magenwände zahlreiche Zickzack-Längsfalten
auf, die bei Landschildkröten indes verhältnismäßig
schwach ausgeprägt sind (HOFFMANN & BAUR 2001).
Nach DENNERT (1997) unterstützt das Organ durch die
Kontraktionen seiner muskulösen Wandung (etwa bei
Testudo [Agrionemys] horsfieldii) auch die Durchmischung
der im Magen anlangenden Futterbrocken.

Zum anderen sorgen die Magensäfte für die chemische Aufschlüsselung des Mageninhalts und die Abtö-
tung schädlicher Bakterien. Sie enthalten vor allem Salzsäure und Peptin, welche die Verdauung von Eiweißen
ermöglichen; ihre Produktion wird durch die Aus-
dehnung des Magens, die Art des Futters und/oder die
anfallenden Abbauprodukte angeregt.

Der pH-Wert des Magensaftes schwankt zwischen 2,0
(beispielsweise bei *Testudo graeca)* und 6,0 (etwa bei

Chrysemys picta), liegt aber bei hungernden Tieren deutlich höher und hängt insgesamt von der Umgebungstemperatur ab: bei 4–5 °C setzt die Produktion ganz aus (DENNERT 1997). Da Schildkröten ihre Nahrung in kleinen Brocken zu sich nehmen, können die Magensäfte besser einwirken als bei Arten, die sie als Ganzes verschlucken (vor allem Warane und Schlangen).

Abb. 4:
Pyxis arachnoides brygooi
bei der Nahrungs-
aufnahme.
FELIX HULBERT

2.1.3. Leber und Galle
Die zweilappige Leber liegt zwischen Magen und Herz; Im rechten Lappen befindet sich die Gallenblase, deren Saft z.B. bei der Zierschildkröte *Chrysemys picta* einen pH-Wert von ca. 7,5 aufweist. Die Gallen- und Bauchspeicheldrüsengänge münden kurz hinter dem „Pförtner" (Magenausgang) in den Darm.

2.1.4. Die Därme
Schildkröten (und Krokodile) besitzen unter allen Reptilien in Relation zur Körperlänge die längsten Därme, Schlangen hingegen die kürzesten. Dies hängt nicht allein mit der vegetarischen Ernährungsweise vieler

Arten zusammen, sondern auch mit dem großen Raum, der im Panzer zur Verfügung steht.

Bei pflanzenfressenden Landschildkröten deutet die Ausprägung des Dünndarms und der Bauchspeicheldrüse darauf hin, dass sie nicht auf die Verdauung großer Mengen von Proteinen und Fetten angelegt sind. Fleischfressende Arten besitzen durchweg eine sehr große Bauchspeicheldrüse und erzeugen überdies körpereigene Enzyme, die sogar zur weitgehenden Verdauung von Chitin imstande sind.

2.1.4.1. Der Dünndarm

Dieser Darmabschnitt erreicht bei Fleischfressern seine größte relative Länge (das Längenverhältnis Dünndarm:Dickdarm beträgt hier 3–4:1); bei Allesfressern ist er mäßig lang (ca. 2:1), bei pflanzenfressenden Arten am kürzesten (ca. 1:1) (vgl. Abschnitt 2.4). Landschildkröten besitzen durchweg einen mäßig langen und wenig spezialisierten Dünndarm (1:1) mit drei Abschnitten: Zwölffingerdarm, Leerdarm und Krummdarm.

Die Schleimhautfläche des Dünndarms ist durch Zickzacklängsfalten erheblich vergrößert. Proteinreiche Ernährung erfordert eine beträchtliche Verlängerung des Dünndarms und stärkere Faltenbildung.

Dünndarm und Magen sind der wichtigste Verdauungsplatz von Eiweißen, Fetten und Kohlenhydraten durch Gallensaft, Sekrete der Bauchspeicheldrüse und körpereigene Enzyme.

2.1.4.2. Dickdarm und Blinddarm

Der Dickdarm umfasst ebenfalls 3 Abschnitte: Blinddarm, eigentlicher Dick- oder Grimmdarm und Enddarm. Landschildkröten besitzen alle drei, doch sind sie bei fleischfressenden Arten relativ schwach ausgeprägt (s.o.)! Sie füllen zusammen fast die gesamte Leibeshöhle aus und weisen kaum Falten auf (HOFFMANN & BAUR 2000). Die relative Ausprägung des Dickdarms ist das wichtigste Indiz für eine Anpassung an bestimmte Lebensräume und Nahrungsmittel (vgl. Abschnitt 2.4.)

Viele Reptilienarten besitzen zumindest als Anlage einen Blinddarm (Caecum), der bei Schildkröten jedoch als Aussackung des vorderen Dickdarmabschnitts auftritt: er ist extrem dehnbar und führt als „Blindsack" zur erheblichen Verlangsamung der Darmpassage; hier sammeln sich vor allem grobe Partikel (Rohfasern), während feine und flüssige Bestandteile schneller befördert werden. Erstere formen dabei netzwerkartige Gebilde, die wegen ihrer langen Verweildauer von der Darmflora intensiv bearbeitet werden können.

Im Dickdarm erfolgt lediglich der langsame, passive Weitertransport des Nahrungsbreis. Seine Verarbeitung schreitet dabei fort, und die anfangs ausgeprägte Struktur löst sich immer stärker auf.

2.2. Die Darmflora

Bestimmte Bakterien von teilweise bestands- und ursprungsspezifischer Zusammensetzung (vgl. MÖRCK 1997) ermöglichen die wirksame Fermentation pflanzlichen Futters (sogar von Zellulose). Das oben erwähnte „Netzwerk" sorgt für ihr optimales Einwirken; durch falsche Ernährung können sie erheblich geschädigt, ja abgetötet werden. Vergleichbare Prozesse laufen im Pansen von Wiederkäuern oder in „biologischen" Aquarienfiltern ab: der Darminhalt wird gewissermaßen mit Bakterien „geimpft".

Diese sind im Darm frisch geschlüpfter Jungtiere noch nicht präsent; sie müssen erst mit der Nahrung (etwa über den direkten Kontakt mit dem Kot adulter Exemplare) aufgenommen werden. Ihr Fehlen erklärt möglicherweise z.T. die hohe „Ausfallquote" bei manchen Nachzuchten, welche auf Parasitenbefall, Verdauungs- und Wachstumsstörungen zurückgeht. Kontakt mit dem Kot gesunder Alttiere ist daher nach HIGHFIELD (2000) neben artgerechter Fütterung unerlässlich; ihm zufolge sollte man das Futter sogar bewusst mit dem Kot unbedenklicher adulter Tiere oder dem von herbivoren Säugern (Schafe, Hasen etc.) kontaminieren.

Wie schnell wird die Nahrung verdaut? – Die Verweildauer der Nahrung im Darm hängt von verschiedenen Faktoren ab (Fütterungsfrequenz, Futtermenge, Umgebungstemperatur und Aktivitätsgrad). Eine wichtige Rolle spielen natürlich auch Konsistenz und Zusammensetzung der Nahrung (Wasser- und Rohfasergehalt), die Vorzugstemperatur der betreffenden Art sowie die Wirksamkeit der Verdauungssäfte und -enzyme.

Kopfsalat benötigt bei der Maurischen Landschildkröte (*Testudo graeca*) bei 28 °C etwa 3–8 Tage, um den Magen-Darm-Trakt zu passieren. Gröbere, trockene und rohfaserreiche Nahrung (Gras, Heu, Disteln etc.) wird sogar erst nach 16–28 Tagen wieder ausgeschieden. Dieser Umstand muss berücksichtigt werden, wenn man die Fütterung vor der Winterruhe rechtzeitig einstellen will!

Im Enddarm wird dem Kot über die stark vergrößerte Schleimhautfläche Wasser entzogen, und es formen sich die bekannten schwarz-grünlichen Ballen.

Analoge Befunde sind auch von pflanzenfressenden Säugern wie dem australischen Koala bekannt, dessen Junges vom Muttertier mit Kot gefüttert wird, um sein Verdauungssystem in Gang zu bringen.

In einer Studie zu *Testudo h. hermanni* (LONGEPIERRE & GRENOT 1999) wurde nachgewiesen, dass Tiere mit Parasitenbefall ganz gezielt toxische Futterpflanzen fressen und damit die Parasiten erfolgreich bekämpfen.

Bemerkenswert ist sicher auch das Verhalten einer *Pelusios*-Population in Natal, die Nashörner während Schlammbädern Parasiten aus der Nase picken. Gezeigt wurde dies in einem Filmbeitrag von Ulrich Nebelsiek (unter dem Titel „Nashörner – Afrikas bedrohte Riesen" im ZDF).

Abb. 5:
Testudo hermanni boettgeri-Gruppe beim Fressen von Eisbergsalat.
FELIX HULBERT

2.3. Die „scheinbare Verdaulichkeit" der Nahrung

Dieser Begriff bezeichnet den Unterschied zwischen gefressener und ausgeschiedener Nahrungsmenge, also den Prozentanteil des tatsächlich verdauten Futters. Er ist bei pflanzenfressenden Reptilien oft altersabhängig: so verdauen junge Dornschwanzagamen (*Uromastyx* spp.) 91,6% ihres Futters, erwachsene hingegen nur etwa 65%.

Der Verdauungsapparat pflanzenfressender Schildkröten und Echsen ist funktionell mit dem von wiederkäuenden Haustieren vergleichbar. Stärkereiche Nahrung (Getreidekörner wie Mais etc.) muss im Verdauungstrakt erst in Zucker (Glukose) umgewandelt werden. Zuckerhaltiges Futter (etwa frische Süßgräser oder süßes Obst) wird hingegen direkt und sehr rasch verdaut.

Der Grad der „scheinbaren Verdaulichkeit" ist laut DENNERT (1997, S. 54f.) bei alles- und insektenfressenden Arten mit 70–98 % deutlich höher als bei Pflanzenfressern, wo er sich nach der genannten Autorin zwischen 30 und 56 % bewegt. Ihr zufolge hängen die niedrigen

Werte mit dem hohen Rohfasergehalt zusammen, da faserarmes Futter von den letztgenannten Arten wesentlich besser verarbeitet werden soll.

Bei der Rotwangenschmuckschildkröte (*Trachemys s. elegans*) konnte nachgewiesen werden, dass eine Mischkost aus Wasserlinsen und Insektenlarven (gegenüber reiner Insekten- bzw. Pflanzenkost) für die beste Verdaulichkeitsrate sorgt: die Energieausbeute steigt um 70%, die Stickstoffausbeute um 20 %; vermutlich wirkt sich der höhere Stickstoffanteil der Pflanzen positiv aus (BJORNDAL 1991).

Darüber hinaus beeinflusst die Umgebungstemperatur den Verdauungsprozess: bei höheren Wärmegraden nehmen die Tiere mehr Nahrung auf, das Tempo der Darmpassage und das Wachstum beschleunigen sich. Die Partikelgröße des Futters hingegen wirkt sich zwar auf die Verdauungsrate, nicht aber auf die Verdaulichkeit bzw. den Fermentationsprozess aus.

Abb. 6:
Testudo hermanni boettgeri beim Fressen von Eisbergsalat.
FELIX HULBERT

Die in diesem Kapitel geschilderten Befunde deuten auf eine immer stärkere Spezialisierung hin, die schließlich sogar die wirksame Verdauung von Zellulose (Stroh u.ä.) erlaubt. Diese Anpassung führt allerdings dazu, dass nur ein begrenztes Futterspektrum (d.h. rohfaserreiche Pflanzennahrung) verwertet werden kann; andere Futtersorten sind bei den betreffenden Arten mit Zurückhaltung bzw. Vorsicht zu behandeln! Zur optimalen Verdauung müssen alle Schildkröten unbedingt ihre Vorzugstemperatur (VT) erreichen!

2.4. Nahrungsabhängige Ausprägung des Dickdarms

Der Grundbauplan des Dickdarms (Blinddarm, Grimm- und Enddarm) ist bei allen Schildkröten gleich. Unterschiede zwischen Pflanzen-, Alles- und Fleischfressern zeigen sich in der relativen Länge und Weite des Organs und seiner Teile (vgl. HOFFMANN & BAUR 2000):

Die europäischen bzw. mediterranen Landschildkröten der Gattung *Testudo* zeigen den „klassischen" Dickdarmtypus, doch ist das Organ hier bereits sichtlich vergrößert.

Bei der Vierzehenlandschildkröte (*Testudo [Agrionemys] horsfieldii*) ist die Oberfläche des Enddarms durch die faltenreiche Schleimhaut vergrößert, so dass dem Kot mehr Wasser entzogen werden kann. Blind- und Grimmdarm entsprechen dem „klassischen" Schema.

Viele tropische Landschildkröten (etwa *Geochelone*-Arten) besitzen einen deutlich verlängerten Grimmdarm: ihr sehr rohfaserreiches Futter verweilt deshalb sehr lange im Darmtrakt.

Noch stärker ist dieses Phänomen bei Vertretern der Gattungen *Malacochersus* und *Pyxis* ausgeprägt: hier kam es überdies zu einer enormen Vergrößerung des Blind- und Grimmdarmes.

Bei *Chersina* schließlich ist eine massive Verlängerung des gesamten Dickdarms (unter entsprechender Steigerung des Fassungsvermögens) zu verzeichnen: er füllt dort fast die ganze Leibeshöhle aus.

3. Die wichtigsten Bestandteile des Futters

3.1. Die Grundbausteine der Nahrung

Acht „Grundbausteine" bilden das Fundament der Nahrung: Wasser, Proteine, Kohlenhydrate, Fette, Rohfasern, Vitamine, Mineralien und Spurenelemente: eine wichtige Rolle spielen auch von Körper oder Darmflora erzeugte Enzyme. Jeder dieser Bausteine erfüllt spezifische Funktionen und ist dabei auf die anderen angewiesen. Kombination und Menge der benötigten „Bausteine" hängen von der Art und Faktoren wie Lebensalter, Allgemeinzustand, Aktivität und Umwelt ab.

3.1.1. Wasser

Der Körper eines Reptils besteht zu etwa 2/3 aus Wasser: im Blut macht es 80%, im Gehirn gut 75% und in den Muskeln etwa 70% aus; selbst die Knochen enthalten noch etwa 20% dieser lebenswichtigen Substanz.

3.1.2. Enzyme

Enzyme erfüllen zahlreiche lebenswichtige Funktionen. Vereinfacht gesagt, lösen sie chemische Reaktionen aus, die es anderen Substanzen erst ermöglichen, wirksam zu werden. Besonders wichtig sind sie für die Verdauung und Umwandlung von Nährstoffen: Ein Enzym kann bspw. eine ganz bestimmte Substanz aufschlüsseln (etwa ein Kohlenhydrat, aber keine Fette – und umgekehrt). Dadurch kann der Organismus diese Nährstoffe überhaupt erst verwerten.

3.1.3. Proteine

Proteine sind zu etwa 50% am Aufbau aller Körperzellen beteiligt. In schier unvorstellbarer Vielfalt wirken sie am Aufbau von Krallen, Haut, Muskeln, Sehnen, Knorpeln und Bindegewebe mit. Eine besonders wichtige Rolle spielen sie im Rahmen von Wachstum, Gewebeaufbau und -regeneration, Geschlechtsreife und Stoffwechsel. Unerlässlich sind sie ferner für den Blutkreislauf, das Immunsystem, die Verdauung, die Hormonproduktion u.v.a.m.

Proteine sind auch wichtige Energiequellen: wenn in Mangelsituationen keine Kohlenhydrate zur Verfügung stehen, kann der Organismus ersatzweise auf Proteine

Wasser ist praktisch für alle Lebensfunktionen (Atmung, Verdauung, Stoffwechsel und Ausscheidung) erforderlich; in seiner Bedeutung wird es nur vom Sauerstoff übertroffen. Je nach Lebensraum nehmen Schildkröten es entweder durch Trinken (Oberflächenwasser, Tau) oder über ihre Nahrung zu sich. Entsprechend ausgeprägt sind ihr Trinkbedürfnis und die Anpassungen, die ihr Körper vollzogen hat: Arten aus Trockengebieten sprechen auf dauerhaft saftige Nahrung häufig nicht gut an bzw. lehnen diese zu bestimmten Jahreszeiten sogar völlig ab (vgl. Abschnitt 6).

Abb. 7:
Geochelone pardalis
Klaus-Dieter Schulz

zurückgreifen. Überschüsse werden von der Leber in Fett umgewandelt und für Notzeiten gespeichert.

Überschüssige Proteine können oft nur schwer wieder ausgeschieden werden. Dies erfolgt bei Wasser- und Sumpfschildkröten in Form von Ammoniak und Harnstoff (sogenannte Ureothelie; sie ist mit großem Wasserverlust verbunden), bei Landschildkröten (meist solchen aus ariden Gebieten) hingegen in Gestalt von Harnsäuresalzen (sogenannte Uricothelie; hierbei kommt es kaum zu Wasserverlust, und die Ausscheidungsmengen sind recht gering; stickstoffreiches Futter kann dabei nur begrenzt aufgenommen werden). Die dritte Möglichkeit kombiniert diese „Verfahren": sie ist vor allem bei tropischen Landschildkröten aus feuchten Lebensräumen anzutreffen, ausreichende Trinkwasserversorgung ermöglicht es ihnen, höhere Dosen von Proteinen und damit Stickstoff zu verarbeiten.

Proteinmangel kann zu Wachstumsstörungen (bspw. Skelettmissbildungen) und zu Gicht führen sowie den Zustand der Haut beeinflussen. Ferner äußert er sich in

Lethargie bzw. mangelnder Reaktionsfähigkeit, schwächt das Immunsystem und begünstigt so den Ausbruch von Infektionskrankheiten.

Wichtige Proteinquellen: Fleisch- und insektenfressende Reptilien erhalten das notwendige Protein über ihre gewohnte Nahrung. Rohes Fleisch (Rind, Huhn, Truthahn und Lamm) ist einer der wichtigsten Proteinspender; aber auch Insekten, Jungnager, Würmer, Schnecken, Fisch, Fleisch- und Knochenmehl, Leber, Innereien und andere Fleischprodukte spielen eine bedeutsame Rolle. Unter den Pflanzen(-Produkten) wären Luzernemehl (ein wichtiger Calciumspender), Möhren, Erbsen, Bohnen oder Kartoffeln zu nennen (zu den Risiken von Getreideprodukten und Hülsenfrüchten vgl. Abschnitt 4.1. und 4.1.4.).

Abb. 8:
Pyxis arachnoides brygooi beim Verzehr von Hackfleisch.
FELIX HULBERT

3.1.4. Kohlenhydrate

Kohlenhydrate sind der wichtigste Bestandteil fast aller pflanzlichen Nahrungsmittel (von Ölsaaten u.ä. abgesehen): sie machen 60–75% der Trockensubstanz (TS) aus. Ähnlich wie Proteine erfüllen sie mehrere Funktionen:

sie liefern die für zahlreiche Lebensvorgänge nötige Energie, dienen als Stützsubstanzen (etwa Zellulose in Zellwänden) und Reservestoffe (Glykogen). Zu den pflanzlichen Kohlenhydraten gehören Zellulose, Monozellulose, Stärke und Zucker

Entsprechendes Fertigfutter ist – ebenso wie solches auf Proteinbasis – leicht verdaulich und sollte daher maximal 20% der Futterration pflanzenfressender Landschildkrötenarten ausmachen.

Der Kohlenhydratgehalt des Futters tropischer Regenwaldschildkröten, die große Mengen von Früchten verzehren (HIGHFIELD 2000), unterscheidet sich augenfällig vom Befund bei Arten aus trockeneren Regionen, deren Nahrung sich hauptsächlich aus Gräsern und Blütenpflanzen zusammensetzt (vgl. Tabelle 4).

Nahrungsspektrum	Protein	Rohfaser	Ca(%)	P(%)	Ca : P
Feigenkaktus (*Opuntia* sp.)	7,0	9,3	6,29	0,08	78,7 : 1
Erioneuron pulchellum	7,6	29,1	0,99	0,06	16,5 : 1
Bromus rubens	8,5	31,6	0,28	0,23	1,2 : 1
Malve (*Sphaeralcea* sp.)	20,4	23,2	3,34	0,31	10,8 : 1
Muhlenbergia sp.	7,3	36,9	0,27	0,09	3,0 : 1
Tridens muticus	9,1	34,1	0,61	0,17	3,6 : 1
Aristida sp.	6,3	34,8	0,59	0,09	6,6 : 1
Wegerich (*Plantago* sp.)	13,3	15,9	4,16	0,19	21,9 : 1
Ersatzfutterpflanzen	**Protein**	**Rohfaser**	**Ca(%)**	**P(%)**	**Ca : P**
Kopf- und Eisbergsalat	22,0	11,1	0,44	0,44	1 : 1
Wilder Senf (Laub)	28,5	10,5	1,74	0,48	3,6 : 1
Stengelmangold	27,0	9,0	0,99	0,44	2,3 : 1
Weißkohl	34,6	7,5	1,44	0,54	2,7 : 1
Tomate	15,4	9,2	0,18	0,39	0,5 : 1
Honigmelone	7,8	6,8	0,16	0,18	0,9: 1
Endiviensalat	25,7	11,4	1,17	0,78	1,5 : 1
Bohnen (Grüne)	19,3	14,1	0,57	0,44	1,3 : 1

Tabelle 4: Der Nährstoffgehalt der wichtigsten natürlichen Futterpflanzen von *Gopherus agassizii* im Vergleich mit dem üblicher Ersatzfuttersorten* (nach HIGHFIELD 2000 bzw. JARCHOW 1984)

Zellulose kann von Wirbeltieren nur mit Unterstützung einer Darmflora aus Mikroben nutzbar gemacht werden, wogegen Stärke leicht verdaulich ist. Landschildkröten können dank ihrer Darmflora (Abschnitt 2,5.) sogar aus relativ geringwertigen Pflanzenfasern und Zellwänden einen beträchtlichen Teil der benötigten Energie beziehen.

Hemizellulose besteht überwiegend aus Zuckerverbindungen, ist in sauren und alkalischen Milieus wasserlöslich und kann so von den Magensäften (hauptsächlich Pepsin und Salzsäure (HCl)) wenigstens teilweise aufgeschlossen werden.

Pektin ist ein weiteres wichtiges Kohlenhydrat. In Früchten kommt es in deutlich höheren Konzentrationen vor als in Gräsern. Es wird durch die Darmflora problemlos verdaut.

Zucker und Stärke sind ebenfalls leicht verdaulich und werden in einfache Zuckerverbindungen (bspw. Glukose) umgewandelt; letztere dient gewissermaßen als „Brennstoff" der Muskeln, des Hirns und des Nervensystems. Weitere wichtige Kohlenhydrate sind u.a. Rohr- und Rübenzucker (in Früchten und Pflanzenschösslingen) sowie Stärke (in Samen und Wurzen). Die Gehalte können im Einzelfall äußerst stark variieren – nicht nur je nach Jahreszeit oder Wachstumszyklus, sondern auch in Abhängigkeit von der Photosynthese. Außerdem sind sie gegen Abend höher als am frühen Morgen.

Überschüssige Glukose wird in Leber und Muskulatur gespeichert (sogenannte „physiologische Glykogen- und Fettspeicher". Bei zuviel leichtverdaulicher, reichhaltiger Kost (Proteine, Kohlenhydrate und Zucker erhalten) stirbt u.U. die Darmflora ab; mögliche Folgen sind Flagellatenbefall, Darmgeschwüre und -durchbrüche.

3.1.5. Fette

Die Nahrungsfette umfassen einige nicht wasserlösliche Substanzen, die u.a. am Aufbau von Körperzellen und Blutplasma beteiligt sind. Sie spielen eine wichtige Rolle für das Wachstum, die Gesundheit von Blut, Arterien und Nerven, das Funktionieren der Nieren und das gesunde Erscheinungsbild der Haut. Manche dienen als Träger fettlöslicher Vitamine (A, D, E und K). Für den Abbau sorgen Sekrete der Bauchspeicheldrüse und Gallensaft.

Nahrungs-bestand-teil	Gehalt
Feuchtigkeit	0,74068
Stickstoff	0,00953
Phosphor	0,00072
Kalium	0,02011
Zink	0,00002
Eisen	0,00026
Mangan	0,00009
Kupfer	0,00001
Calcium	0,05706
Magnesium	0,01496
Schwefel	0,00336
Natrium	0,00006
Ballaststoffe	0,19996
verd. C-hydr.*	0,09393
Fett	0,08221

Tabelle 4a:
Der Nährstoffgehalt (im Jahresdurchschnitt) von *Opuntia basilaris* bezogen auf den Nährstoffbedarf von Gopherschildkröten. (nach MCARTHUR et al. 1994) *verd. C-hydr. = verdauliche Kohlenhydrate

Abb. 9:
Wanderheuschrecken sind eine willkommene Abwechslung auf dem Speiseplan von *Terrapene ornata*.
Felix Hulbert

Das Unterhautfettgewebe dient bei gleichwarmen Wirbeltieren als „Isolierschicht" gegen Wärmeverlust bzw. Unterkühlung; bei wechselwarmen Lebewesen spielt dies kaum ein Rolle, da sie kein nennenswertes Unterhautfett besitzen.

Die so anfallenden Fettsäuren sind wichtige „Bausteine" der Zellwände; einige können nicht vom Organismus erzeugt werden, sondern müssen im Futter enthalten sein.

Fette erfüllen zahlreiche Funktionen. Da sie pro g etwa doppelt so viele Kalorien wie Kohlenhydrate oder Proteine enthalten, sind sie auch wichtige Energiequellen.

Der Fettbedarf von Reptilien ist stark artabhängig: Pflanzenfresser benötigen nur sehr wenig, und jede Überversorgung kann fatale Folgen haben. Da Insekten sehr wenig Fett enthalten, sind die Verdaueungssysteme von hauptsächlich insektenfressenden Reptilien nicht darauf eingestellt, größere Mengen dieser Substanz zu verdauen. Anders verhält es sich mit Arten, die regelmäßig Aas und/oder lebende Wirbeltiere verzehren.

Eine botanische Analyse des Nahrungsspektrums freilebender *Testudo graeca* und *Gopherus agassizii* ergab, dass 100 g ihrer Futterpflanzen nur 0,35 g ungesättigter Fette enthalten (Highfield 2000).

Wichtige Fettquellen. Fleischfressende Reptilien beziehen über ihre Nahrung (Kleintiere, Insekten) ausreichend Fett. Bei Pflanzenfressern sollte die Diät maximal 7–10 % Rohfett (TS) enthalten – ein Anteil, der auch von handelsüblichen sogenannten Alleinfuttermitteln gedeckt wird. (DENNERT 1997; HIGHFIELD 2000).

3.1.6. Ballaststoffe

Rohfasern bilden die „Gerüstsubstanz" von Pflanzen und verleihen dem Gewebe die nötige Stabilität. Sie setzen sich vor allem aus Zellulose, Hemizellulose, Lignin und Pektin zusammen. Verdaut werden sie mit Hilfe symbiotischer Bakterien; diese benötigen reich strukturiertes, rohfaserreiches Futter, um optimal zu funktionieren (Luzerne-Cobs haben sich u.a. in dieser Hinsicht hervorragend bewährt).

Der Rohfasergehalt von Pflanzen ist nicht konstant, sondern hängt von der Art sowie äußeren Faktoren (Photoperiode, Temperatur, Wasserversorgung) ab; wie der Energie- bzw. Kaloriengehalt schwankt er auch jahreszeitlich. Das Futter freilebender Landschildkröten enthält 10 bis 40 % Rohfaser (Trockensubstanz). Für europäische bzw. mediterrane Arten empfiehlt sich ein Anteil von 12 (besser 20–30) %: sinkt dieser dauerhaft unter 4%, bilden sich im Darm verdauungs- und gesundheitsgefährdende Giftstoffe (DENNERT 1997).

Abb. 10:
Vergrößerte Aufnahme eines Heucobs, bei dem die einzelnen Fasern gut zu erkennen sind. FELIX HULBERT

Chitin – Diese Substanz bildet das Außenskelett wirbelloser Lebewesen (Insekten, Krebs- und Spinnentiere). Einige Sumpf- und Wasserschildkröten – etwa *Emys orbicularis* und *Mauremys caspica* – können ein körpereigenes Enzym (Chitinase) produzieren, das für die weitgehende Verdauung dieser überaus widerstandsfähigen Substanz sorgt. Landschildkröten fehlt diese Fähigkeit – Chitin (und damit Gliedertiere) spielen in ihrer Nahrung daher keine Rolle.

Im Kot insektenfressender Reptilien sind oft noch Teile der Chitinpanzer ihrer Beutetiere zu erkennen: das oben erwähnte Verdauungsenzym weicht die Hülle (vor allem an den Gelenkstellen) gewissermaßen auf, so dass das nährstoffreiche „Innenleben" zugänglich wird. Die Restbestände dienen als willkommene Ballaststoffe.

Folgerungen – Ballaststoffreiche, kohlenhydratarme Futtersorten mit geringem Fruchtzuckergehalt sind für die meisten Arten aus Trockengebieten bzw. Savannen gut geeignet, während viele Schildkröten aus feuchten

Werden regelmäßig auch ballaststoffarme Nahrungsmittel verfüttert, so muss man daher durch entsprechendes Beifutter (trockene, stark zellulosehaltige Pflanzenteile wie Heu, bei Fleischfressern hingegen Garnelenschrot oder Kopfgräten) für eine entsprechende Kompensation sorgten.

Keinesfalls sollte man den Rohfasergehalt der Nahrung durch Kleie (sehr hoher Pflanzensäuregehalt!) oder Haferflocken (reich an Kohlenhydraten!) steigern. Auch Mais (HIGHFIELD 2000) gehört wegen seines hohen Kohlenhydrat- und Pflanzensäureanteils nicht auf den Speisezettel. Heu – naturbelassen oder in Form von Miniaturpresslinge (Cobs) – ist für Landschildkröten aus Trockengebieten der beste Rohfaserspender.

tropischen Lebensräumen auch mit Kohlenhydraten und Zucker gut zurecht kommen (aber dafür silikatreiche Gräser nur schwer verdauen können). Ein hoher Ballaststoffanteil ist für alle Arten vorteilhaft; andernfalls kommt es zu Verdauungsstörungen (Maldigestion), Durchfall (Diarrhoe) oder gar Absterben der Darmflora (Dysbakterie).

3.1.7. Vitamine

Vitamine sind organische Substanzen, kommen also ausschließlich in pflanzlichen und tierischen Lebewesen vor bzw. werden von diesen produziert. Obwohl der Körper nur kleine Mengen benötigt, üben sie eine große Wirkung aus. Sie steuern u.a. maßgeblich Verdauung, Stoffwechsel, Wachstum, Fortpflanzung, Zellbildung und Oxydation. Es gibt über ein Dutzend wichtiger Vitamine, deren Fehlen zu schweren Mangelerkrankungen führt.

Über die Rolle von Vitaminen herrschen viele falsche Vorstellungen: viele Zeitgenossen (auch Terrarianer) glauben offenbar „je mehr, desto besser" – und das trifft nicht zu! Bestimmte Vitamine wirken bei zu hoher Dosierung sogar tödlich. Erforderlich ist eine ausgewogene Versorgung, nicht aber massive Dosen einzelner Vitamine, die das Gleichgewicht stören und zu anderweitigen Mangelerscheinungen führen können. – Besondere Beachtung verdienen die folgenden:

Vitamin A kommt als Beta-Karotin in zahlreichen Pflanzenarten vor (1 kg Frischfutter kann bis zu 200 mg enthalten: es muss zur Verwertung erst in Vitamin A umgewandelt werden). Überschüsse werden in Leber, Lungen, Nieren und Retina gespeichert.

Eine wichtige Rolle spielt es beim Wachstum (vor allem der Jungtiere), der Bildung und „Reparatur" von Gewebe sowie der Stärkung des Immunsystems; es beeinflusst u.a. den Zustand der Knochen, der Schleimhäute und des Blutes sowie die Sehkraft.

Während bestimmte Reptilien (vor allem Chamäleons) sehr empfindlich auf zusätzliche Gaben von Vitamin A reagieren, sollte man bei allen omni-, carni- und insektivoren Arten einer Unterversorgung (A-Hypovitaminose) vorbeugen – sonst ist mit Appetitlosigkeit, Durchfall, Unfruchtbarkeit, Nasenfluss oder Lungenentzündung zu rechnen – häufig mit tödlichem Ausgang.

Wichtige Quellen: alle grünen Pflanzenteile, gelbe und orange Gemüsearten (Karotten); Spinat ist hingegen bedenklich (vgl. Abschnitt 4.1.4.); Leber sowie ganze Futtertiere (mit inneren Organen samt Darminhalt).

Der Vitamin-B-Komplex – Diese Vitamine spielen eine wichtige Rolle im Energiehaushalt, da sie bei der Umwandlung von Kohlenhydraten in Zucker (Glukose) mitwirken. Außerdem sorgen sie für die Verwertung von Proteinen und Fetten, das Funktionieren des Nervensystems, den Muskelaufbau und eine gesunde Haut. – **Vitamin B12** ist ein kobalthaltiges Vitamin, das für den richtigen Aufbau der Erbsubstanz (DNA) sorgt; es steuert mit Folsäure die Produktion der Roten Blutkörperchen. Ein Mangel führt zu Blutarmut und Nervenstörungen. Vitamin B12 kann nur gebildet werden, wenn die Darmflora auf Spuren von Kobalt reagiert. Eine Unterversorgung kann als Folge von Absorptionsstörungen oder nach schwerem Parasitenbefall eintreten.

Da alle B-Vitamine wasserlöslich sind, kann der Körper Überschüsse nicht speichern. Sie müssen also laufend über die Nahrung zugeführt werden. Insektizide können die B-Vitamine im Verdauungstrakt neutralisieren. Man sollte diese Vitamine nur gemeinsam in ausgewogener Mischung und unter Anleitung eines qualifizierten Tierarztes verabreichen. Eine Unterversorgung konnte bei Schlüpflingen und Alttieren von mediterranen Landschildkröten (*Testudo graeca* und *Testudo kleinmanni*) beobachtet werden, die fast ausschließlich mit Salat gefüttert wurden.

Vitamin C – Vitamin C unterstützt die Produktion der Roten Blutkörperchen, bekämpft bakterielle Infektionen, und fördert die Wundheilung. Besonders wichtig ist es für das Funktionieren des Immunsystems.

Viele Reptilienarten können es selbständig produzieren; Vitamingaben sind insofern nicht nur überflüssig, sondern üben nach Ansicht mancher Forscher auch einen negativen Einfluss auf den pH-Wert der Nieren aus.

Da dieses Vitamin praktisch in allen Obst- und Gemüsesorten enthalten ist, kommt es bei Schildkröten und anderen pflanzenfressenden Reptilien bei abwechslungsreicher Fütterung so gut wie nie zu Mangelerscheinungen.

Neu auf dem Markt ist das Produkt: Reptosan®-H (Heucobs), das von der Tierärztin Dr. C. DENNERT vertrieben wird. Tel./Fax 02064/733974

„Durch seinen hohen Anteil an Faserstoffen hat Reptosan®-H hervorragenden Einfluss auf die Darmgesundheit von pflanzenfressenden Reptilien. Sein Einsatz hat sich auch als Begleitmaßnahme bei Durchfall-Erkrankungen bewährt."

Abb. 11:
Astrochelys radiata
bekommt mittels einer
Pinzette eine Traube
gereicht!
FELIX HULBERT

Wichtige Quellen: Obst und Gemüse (vor allem Broccoli, Kohl und grüne Blattgemüse). Vorsicht ist bei Spinat geboten (vgl. Abschnitt 4.1.4.)!

Vitamin D – Dieses Vitamin ist eine fettlösliche Substanz, die eine wichtige Rolle bei der Verwertung von Calcium und Phosphor – und folglich beim Aufbau des Skeletts – spielt. Es entsteht entweder auf natürliche Weise – etwa durch die Einwirkung der UV-Strahlung auf die Haut – oder wird mit der Nahrung aufgenommen (meist in Form von Vitamin-Mineral-Präparaten, die ausreichende Mengen von Vitamin D enthalten).

Vitamin D wirkt eng mit Vitamin A zusammen (in zahlreichen gängigen Nahrungsmitteln sind A und D_3 etwa im Verhältnis 10:1 enthalten). Da es die Aufnahme von Calcium und Phosphor fördert, kann ein Mangel zu Skeletterkrankungen wie Rachitis, Knochen- bzw. Panzererweichung (Osteomalazie) und brüchigen Knochen (Osteoporose), aber auch zu Apathie, Sehstörungen und Nierenschäden führen. Überschüsse werden in Leber, Hirn und Haut gespeichert.

Abb. 12:
Astrochelys radiata
mit einer Traube.
FELIX HULBERT

Pflanzliches Futter liefert kein Vitamin D. Wenn für ausreichende Bestrahlung gesorgt ist, braucht es nicht zusätzlich über die Nahrung verabreicht zu werden. Da es als solches in der Leber gespeichert werden kann (Auskunft von Prof. E. KIENZLE, Inst. für Tierernährung, Uni München), kommt es bei Überversorgung mit Vitamin D zu vermehrter Calciumresorption und Kalkeinlagerungen in Geweben, Hauptblutgefäßen und der Muskulatur, die kurzfristig zu Bewegungsarmut, im Extrem zum plötzlichen Tod führen können.

Vitamin E – Vitamin E ist ebenfalls fettlöslich und reichlich in kaltgepressten Pflanzenölen, Ölsaaten, Nüssen und Sojabohnen enthalten. Es hemmt den Oxydationsprozess und verhindert so die Bildung von gefährlichen „Freien Radikalen". Gemeinsam mit Vitamin A und dem B-Komplex schützt es die Schilddrüsen- und Nebennierenhormone, fördert die Zellatmung des Muskelgewebes (einschließlich des Herzens), sorgt für die Weitung der Adern und verhindert die Entstehung von Thrombosen.

Vitamin D ist in hoher Dosierung eines der giftigsten Vitamine: in reiner Form sollte es deshalb nur von einschlägig erfahrenen Tierärzten verabreicht werden. In der Natur leiden Schildkröten kaum an Unterversorgung (D_3-Hypovitaminose). Sie kann jedoch bei Terrarientieren auftreten, denen ungefiltertes Sonnenlicht oder künstliche UV-Bestrahlung versagt bleiben (zur Vorbeugung vgl. Abschnitt 5.3.).

Akute Mangelerscheinungen treten meist bei zu fett- und ölreich gefütterten Wasserschildkröten auf. Muskeldegeneration (auch des Herzmuskels) ist meist die Folge einer Fütterung mit reinem Muskelfleisch, geht in der Regel mit Selenmangel einher, ist bei Pflanzenfressern als Krankheitsbild aber eher selten. Vermutete Folge schon geringfügiger Unterversorgung sind etwa nicht lebensfähige Eier.

Wichtige Quellen: Fleisch und grüne Blattgemüse. Vorsicht bei Spinat (vgl. Abschnitt 4.2.4.)!

3.1.7.1. Unter- und Überversorgung

Vitamin- und mineralstoffarmes Futter kann durch Einstäuben mit geeigneten Präparaten erheblich aufgewertet werden. Auch dem Trinkwasser kann man bei Bedarf – ebenfalls streng nach Anleitung – wasserlösliche Medikamente wie „Multibionta" oder „Multi Mulsin N" (apothekenpflichtig! nach Größe der Tiere dosieren) zusetzen.

Leider glauben viele Schildkrötenhalter, dass viele Krankheiten durch Vitaminmangel verursacht werden, oder dass man den Tieren vor der Winterruhe unbedingt Vitamine spritzen muss. Beides trifft nicht zu! Primärer Vitaminmangel (der durch vitaminarme Kost, nicht aber durch krankheitsbedingte Stoffwechselstörungen verursacht wird!) ist sogar überaus selten. Bei abwechslungsreich und ausgewogen ernährten Schildkröten kommt er kaum jemals vor.

Sinnvoll ist eine Verabreichung von Vitaminpräparaten, wenn sich der Speisezettel vorübergehend nicht abwechslungsreich genug gestalten lässt. Sie kann auf zwei Arten erfolgen:

Orale Vitamingaben – Sie garantieren, dass alle erforderlichen Vitamine verabreicht werden, sind aber bei hochwertiger und ausgewogener Futterzusammenstellung absolut nicht erforderlich. Im Freiland weidende Tiere brauchen allerdings u.U. Mineralien (HIGHFIELD 2000).

Vitamin-Injektionen – Diese Alternative kommt bei eindeutigen Mangelsituationen in Frage. HIGHFIELD (2000) lehnt routinemäßige Vitamininjektionen prinzipiell ab, da sie keinen konkreten Zweck erfüllen und überdies Infektionen an den Einstichstellen begünstigen. Auch „Vitaminschübe" vor oder nach der Winterruhe sind reine Geld- und Zeitverschwendung.

Besonders bewährt haben sich die „Korvimin ZVT", Zusammensetzung siehe S. 39, (Wirtschaftsgemeinschaft Deutscher Tierärzte , Hannover) ,„Calcamineral" (Calcanit + Pego GmbH in Münster) und „Reptosan®-G" (Fa. Alfred Hecheltjen, Marienthal). Als Einzelpräparate kommen Kalzan D_3, Calcipod und MultiMulsin [MUCOS Pharma GmbH & Co., D-82524 Geretsried] in Frage. Vermeiden Sie aber jede Überdosierung!

Beachten Sie bitte, dass die Dosierungsangaben bei diesen Humanpräparaten in der Regel zu hoch ausfallen; ausgewogen gefütterte Schildkröten können auf derartige Zusätze durchaus verzichten; BAUR, mündl. Mitteilung). Bei höheren Temperaturen büßen diese Produkte rasch ihre Wirkung ein (Beipackzettel genau lesen!).

3.1.8. Mineralstoffe und Spurenelemente

Alle Körpergewebe und -flüssigkeiten (vor allem Knochen, Zähne, Muskeln, Blut und Nerven) enthalten bestimmte Mineralien. Diese sind klar von Vitaminen zu unterscheiden und dienen gleichermaßen als chemische Regler und als „Baumaterial".

Sie arbeiten in Wechselwirkung mit Vitaminen, Enzymen und ihresgleichen. Eine besonders enge Beziehung besteht zwischen Calcium und Phosphor: die Vitamine des B-Komplexes benötigen Phosphor, um optimal wirken zu können. Eisen kann nur mit Hilfe von Vitamin C verarbeitet werden, und Zink unterstützt die Ausschüttung von Vitamin A aus der Leber. Ein Mangel an bestimmten Mineralien kann sich gravierend auf den gesamten Organismus auswirken.

Nur wenige Mangelerscheinungen sind so akut, dass sie nicht über das Futter behoben werden können. Lediglich akuter Vitamin-A-Mangel sollte vom Tierarzt mit mehreren niedrig dosierten Injektionen bekämpft werden.

3.1.8.1. Calcium (Ca)

Calcium ist stärker als jedes andere Mineral am Aufbau des Schildkrötenkörpers beteiligt. Leider sind Mangelerscheinungen häufig, da heranwachsende Tiere zum Aufbau des Skeletts große Mengen dieses Minerals benötigen. Anders als Phosphor wird es vom Körper nur schwer aufgenommen (unsere Tiere können sehr leicht zu phosphorreich gefüttert werden, da praktisch jede calciumarme Futtersorte einen großen Überschuss dieses Elements enthält). Zwei Faktoren beeinflussen diesen Prozess: der Calciumgehalt der Nahrung und der aktuelle Bedarf des Körpers. Überschüsse werden wieder ausgeschieden. Wie viel der Körper tatsächlich aufnimmt, hängt vom Calciumtyp ab, da dieses Element die Darmwände nur in wasserlöslicher Form passieren kann.

Calcium und Phosphor machen zusammen 70–75 % aller im Körper enthaltenen Mineralien aus. Allein im Skelett sind ca. 85 % des Calciums bzw. 85 % des Phosphors gebunden (etwa im Verhältnis 2:1). Der Calciumspiegel des Blutplasmas wird durch ein Nebenschilddrüsenhormon geregelt: wenn er sinkt, löst dieses die Ausschüttung der im Skelett gespeicherten Reserven aus. Der Calciumspiegel des Blutplasmas bewegt sich bei Reptilien um 2–5 mmol/l, ist aber bei einigen Landschildkrötenarten deutlich niedriger (0,5–1,25 mmol/l). Die Werte steigen aber bei geschlechtsreifen bzw. legebereiten Weibchen deutlich an: die in bestimmten Bein- und

Calciummangel führt bei Jungtieren langfristig zu Rachitis, bei Erwachsenen zu Knochen- oder Panzererweichung (Osteomalazie). Überdies verringert sich die Durchlässigkeit der Zellwände, so dass es zu schweren Stoffwechselstörungen kommt. Eine Überversorgung ist sehr selten. FRYE (1993) führt dazu aus: „Ein Calciumüberschuss wird nur zum Problem, wenn gleichzeitig zuviel Vitamin D_3 vorhanden ist".

Bewährte Calciumpräparate gibt es von der Firma DRAGON in Duisburg

1) DRAGO-VIT (reines Calciumcarbonat

2) DRAGO-VIT Calcium + D$_3$* (Calciumcarbonat 5%, Magnesiumcarbonat 2% und D$_3$ 40.000 I.E. pro 100 g)

* Vorsicht vor Überdosierung!

Armknochen angelegten Reserven (HIGHFIELD 2000) werden nun in Anspruch genommen, aber anschließend (sofern die Tiere geeignetes Futter erhalten) rasch wieder aufgefüllt.

Da es in den ersten acht Lebenswochen etwa zu einer Verdoppelung des Gewichts kommt, leuchtet die Bedeutung von Calcium in dieser kritischen Phase unmittelbar ein. Der Calciumbedarf hängt aber auch vom Phosphorgehalt der Nahrung ab. Auch die Versorgung mit Vitamin D$_3$ spielt eine wichtige Rolle: es begünstigt die Aufnahme von Calcium durch die Darmwände.

3.1.8.2. Eisen (Fe)

Eisen wirkt eng mit Proteinen zusammen und ist in allen lebenden Körperzellen enthalten. Es sorgt mit Kupfer für die Produktion von Roten Blutfarbstoffen (Hämoglobinen), die zum Transport von Sauerstoff benötigt werden. Zusammen mit bestimmten Enzymen fördert es den Proteinstoffwechsel. Dabei ist es auch auf Calcium angewiesen. Eisenmangel führt zu Blutarmut (Anämie), die sich u.a. in Atemnot und Verstopfung äußert.

Dieses Element findet sich vor allem in Leber, magerem Fleisch und Fisch, außerdem in grünem Blattgemüse, Vollkornprodukten und Hülsenfrüchten (die beiden Letztgenannten sind für Schildkröten bedenklich; vgl. Abschnitte 4.1.1.1 + 4.1.4.).

3.1.8.3. Jod

Jod ist ein Spurenelement, das die Schilddrüse zum reibungslosen Funktionieren benötigt. Eine wichtige Rolle spielt es im Energiehaushalt, beim Wachstum und bei der Anregung des Stoffwechsels. Natürliches Jod findet sich in Fisch. Viele Fertigfutterprodukte enthalten Jod oder Kaliumjodid.

Jodmangel äußert sich in einer Unterfunktion der Schilddrüse, Verfettung und Trägheit. Auch Kröpfe kommen bei pflanzenfressenden Schildkröten im Terrarium sehr oft vor: betroffen sind vor allem Riesenschildkröten (*Chelonoidis nigra* und *Dipsochelys dussumieri*), die mit Pflanzen (etwa Weiß- und Grünkohl) gefüttert wurden, welche hohe Konzentrationen sogenannter Kropfbildner enthalten (vgl. Abschnitt 4.1.4.). Vergleichbare Befunde sind bei Babys von *Testudo graeca* und *T. marginata* zu ver-

zeichnen, die solches Futter erhalten. Die genannten Pflanzen dürfen daher nur sparsam verfüttert werden; vorsorglich sollte man auf 1 g Futter etwa 6–10 mg eines jodhaltigen Multivitaminpräparates geben. Kräuter aus Gebirgsgegenden oder von stark kalkhaltigen Böden können besonders jodarm sein.

Abb. 13:
Testudo marginata.
Walter & Monika Matzanke

3.1.8.4. Kalium (K)

Dieses Element kann vom Körper nicht gespeichert werden. Es ist vor allem für echte Wüstenschildkröten sehr wichtig: da ihre Nieren keinen hochosmotischen Harn produzieren können, scheiden diese Tiere bei Wassermangel halbfeste Harnsäuresalze (Urate) aus. Zwar hält sich der Flüssigkeitsverlust dadurch in Grenzen, doch

Eine Unterversorgung mit Kupfer führt (ähnlich wie Eisenmangel) zu Blutarmut und bestimmten Skelettmissbildungen. Kupfer findet sich vor allem in Leber, Fisch und Hülsenfrüchten (zu den Risiken der Letztgenannten vgl. Abschnitt 4.1 und 4.1.4.)

geben die Tiere über die genannten Salze (Kalium-Urate) massiv Stickstoff ab (etwa 1/3 der Ausscheidungsprodukte). Stickstoffreiches Futter führt zu einer geringeren Nahrungsaufnahme und steigert das Trinkbedürfnis.

3.1.8.5. Kupfer (Cu)

Kupfer fördert die Aufnahme von Eisen, das zur Bildung von Roten Blutfarbstoffen (Hämoglobinen) benötigt wird. Außerdem unterstützt es die Wundheilung und ist für den gesunden Knochenaufbau unerlässlich. Der Kupfergehalt von Pflanzen kann je nach der Bodengüte erheblich variieren.

3.1.8.6. Magnesium (Mg)

Magnesium fördert die Aufnahme und Umwandlung von Vitaminen (u.a. C und E) und Mineralstoffen (Calcium, Phosphor, Natrium und Kalium). Wichtig ist es auch für den Protein- und Kohlenhydratstoffwechsel. Es unterstützt das Knochenwachstum (über 70% des körpereigenen Magnesiums sind im Skelett gespeichert). Magnesiummangel verursacht Herzrhythmusstörungen und Muskelkrämpfe, Calciummangel hingegen Muskelzittern.

Kochsalzmangel kann zu Verdauungsproblemen und Muskelschwäche führen.

Dieses Element findet sich vor allem in grünem Blattgemüse und Fisch.

3.1.8.7. Natriumchlorid (Kochsalz, NaCl)

Natriumchlorid ist im ganzen Körper anzutreffen und sorgt für ein ausgewogenes Verhältnis der sauren und alkalischen Bestandteile des Blutes. Mit anderen Salzen steuerte es den Zellen-Innendruck, der es Flüssigkeiten gestattet, die Zellwände zu passieren. Auch die Leber benötigt es zum Herausfiltern von Abfallprodukten.

3.1.8.8. Phosphor (P)

Phosphor ist das zweithäufigste im Körper vorkommende Mineral und wirkt eng mit Calcium zusammen. Ein ausgewogenes Verhältnis zwischen den beiden Elementen ist daher für ihre optimale Verwertung wichtig. Damit Phosphor aufgenommen werden kann, müssen Vitamin D_3 und Calcium verfügbar sein.

Phosphor spielt praktisch bei allen im Körper ablaufenden chemischen Reaktionen mit: Erwähnt seien die

Nutzung von Kohlenhydraten, Fetten und Proteinen beim Wachstum (vor allem des Skeletts), Erhalt und Wiederherstellung von Zellen, Energieproduktion und Erbgutübertragung. Notwendig ist es auch für Nierenfunktionen und Übertragung von Nervenimpulsen. Toxische Nebenwirkungen sind nicht bekannt, wohl aber solche physiologischer und pathophysiologischer Natur (fibröse Osteodystrophie).

Viele Futtermittel enthalten große Phosphormengen bzw. -überschüsse, u.a. fast alle Gemüse- und Fleischprodukte, aber auch Insekten.

3.1.8.9. Zink (Zn)

Dieses Element spielt bei der Ernährung und Fortpflanzung eine wichtige Rolle; unter anderem unterstützt es die Aufnahme zahlreicher Vitamine (vor allem des B-Komplexes).

Eine Überversorgung mit Calcium führt in Einzelfällen – wenn D-Hypervitaminose hinzukommt – zu Kalkablagerungen in Aorta, Herzmuskel, Lungengewebe, Verdauungs- und Urogenitaltrakt (Frye 1996[2]).

3.1.8.10. Sonstige Spurenelemente

Andere Mineralien trifft man nur in sehr schwachen Konzentrationen an, doch sind sie für den reibungslosen Ablauf der Körperfunktionen unerlässlich. Sattgrüne Blattpflanzen enthalten neben Eisen und Kupfer auch ausreichend **Fluor (F)**.

Kobalt (Co) ist für den Vitamin-B$_{12}$-Stoffwechsel von Pflanzenfressern lebenswichtig. Ihre Darmflora ist zur Umwandlung von Pflanzenmaterial in Fettsäuren auf dieses Element angewiesen. Kobaltmangel äußert sich in Blutarmut (Anämie) und Darmproblemen (Flagellatenbefall nach Floraschäden etc.).

Mangan (Mn) sorgt mit bestimmten Enzymen für ein normales Knochenwachstum und ist auch für die Fortpflanzung wichtig.

Selen (Se) übt mit Enzymen und Vitamin E eine Zellschutzfunktion aus. Es findet sich u.a. in Fleisch und Getreide; Unterversorgung kann Muskeldegeneration (Myodegeneratio) auslösen (Baur, mündl. Mitteilung).

Korvimin ZVT hat laut Hersteller folgende Zusammensetzung:

Dicalciumphosphat,
Dinatriumphosphat,
Molkenpulver,
Hefe getrocknet,
Natriumchlorid,
Vitaminvormischung,
Minralstoffe

Gehalt an Inhaltsstoffen:

Calcium	(Ca)	15 %
Phosphor	(P)	10 %
Natrium	(Na)	7 %
Magnesium	(Mg)	2 %

Zusatzstoffe je kg

Vitamin A	1 500 000 IE
Vitamin D$_3$	200 000 IE
Vitamin E	1500 mg
Vitamin C	4000 mg
Vitamin B$_1$	160 mg
Vitamin B$_2$	500 mg
Vitamin B$_6$	300 mg
Vitamin B$_{12}$	1800 µg
Calcium-D-panthothenat	
	1000 mg
Nicotinsäure	3000 mg
Cholinchlorid	5000 mg
Folsäure	80 mg
Biotin	10 000 µg
Vitamin K$_3$	300 mg
Eisen	3 mg
Mangan	3 mg
Zink	4,63 mg
Kupfer	500 µg
Kobalt	58 µg
Jod	100 µg
Molybdän	47 µg
Selen	3,6 µg

Abb. 14:
Testudo hermanni,
T. graeca, T. horsfieldii
beim Fressen von
Eisbergsalat.
Felix Hulbert

3.1.8.11. Präparate / Unter- und Überversorgung
Die Bedeutung zusätzlicher Mineralgaben

Hier gilt sinngemäß, was bereits in Abschnitt 3.1.7.1 ausgeführt wurde. Umstritten ist, ob bei „naturnaher" Fütterung überhaupt zusätzliche Mineral- oder Vitamingaben erforderlich sind. Viele Tiere verzehren eine große Auswahl unterschiedlichster Pflanzen (vor allem Blätter und Blüten); häufig werden auch Stängel, Wurzeln, Samen und sogar Substratpartikel gefressen. Das Spektrum der so aufgenommenen Spurenelemente, Proteine, Öle, Vitamine und anderen Nährstoffe ist ebenso komplex wie breit. Viele der genannten Substanzen steigern einander in ihrer Wirkung.

Grundsätzlich kann man nährstoffarmes, aber ansonsten unbedenkliches Futter mit Mineralpräparaten aufwerten.

Bewährt haben sich „Korvimin ZVT" (Wirtschaftsgenossenschaft Deutscher Tierärzte eG, Hannover, problemlos über den Tierarzt zu beziehen), „Calcamineral" (Calcanit + Pego GmbH in 48155 Münster, Tel. (02 51) 66 20 44) und „Reptosan®-G" (Fa. Alfred Hecheltjen, Marienthal; erhältlich über den Zoo- und Zuberhörhandel.

4. Futtermittel

Eigentlich versteht es sich von selbst, dass man den Nährwert des Futters durch bewusste Zusammenstellung der Komponenten sehr unterschiedlich gestalten kann (bzw. sogar muss). Dazu bedarf es allerdings entsprechender Detailkenntnisse. Informieren Sie sich deshalb vor der Anschaffung einer Schildkröte so gründlich wie möglich über die spezifischen Bedürfnisse des Tieres! Erste Anhaltspunkte finden Sie – abgesehen von den einschlägigen Kapiteln – in den Tabellen 23 a + b.

Einen ersten Eindruck vom unterschiedlichen Nährstoffgehalt tierischer und pflanzlicher Nahrung (ursprüngliche Substanz) vermag die nachstehende Tabelle zu vermitteln:

	Obst/Gemüse	**Fleisch** (Rind)	**Pflanzenfutter** (TS)*
Wasser	80–90 %	75 %	–
Rohprotein	0,5–2,5 %	22 %	2 %
Rohfett	0,2–03 %	1,7 %	5 %
Rohfaser	2–4 %	–	20 %

Tabelle 5: Der Nährwert der wichtigsten Futtermittel (nach DENNERT 1997)
*TS = Trockensubstanz

Der Nährwert von Futtermitteln wird üblicherweise mittels der sogenannten Weender Analyse ermittelt: für Schildkröten sind vor allem die Werte für Rohproteine (Eiweiße), Rohfaser, Rohfette und Calcium / Phosphor von Belang. Die Nahrung von Fleisch- und Pflanzenfressern sollten sich etwa folgendermaßen zusammensetzen:

	Proteine	**Fette**	**Kohlenhydrate**
Fleischfresser	25–60 %	30–60 %	–
Pflanzenfresser	8–25 %	< 10 %	> 50 %

Tabelle 6: Empfohlener Aufbau der Nahrung für Fleisch- und Pflanzenfresser (nach DENNERT 1997)

4.1. Pflanzliche Nahrung

Etwa 75% der rezenten Landschildkrötenarten sind nahezu reine Pflanzenfresser. Auch bei den sogenannten Allesfressern machen Pflanzenteile (u. a. verhältnismäßig viele Früchte) und Pilze einen beträchtlichen Teil des Futters aus. Selbst fleischfressende Arten (d.h. die meisten Sumpf- und Wasserschildkröten) verzehren gelegentlich „vegetarische" Kost: Jungtiere jagen hauptsächlich lebende Beute, während nach Erreichen einer gewissen Körpergröße mehr und mehr pflanzliche Nahrung gefressen wird.

Zwischen den Nahrungsspektren von Bewohnern feuchter (Regenwald u.ä.) und halbtrockener Lebensräume (Savannen, Steppen etc.) bestehen u.a. folgende Unterschiede: mittlerer Feuchtigkeitsgehalt; Proteinanteil; Pektingehalt; allgemeine Verdaulichkeit. Die erstgenannten Schildkrötenarten bevorzugen leichter verdauliches Futter mit niedrigerem Rohfaseranteil. Da sie öfters Aas fressen (HIGHFIELD 2000) , enthält ihre Nahrung mehr gesättigte Fettsäuren als die reiner Pflanzenfresser.

Auch die jahreszeitlichen Klimaschwankungen wirken sich auf das Nahrungsspektrum aus: mediterranen Landschildkröten der Gattung *Testudo* steht nur im Frühjahr (etwa bis Mai) saftiges Grünfutter zur Verfügung. Je heißer es im Laufe des Sommers wird, desto stärker verdorrt die Vegetation; dabei sinkt neben dem Wasser- auch der Proteingehalt, und die Nahrung wird zunehmend schwerer verdaulich. Von Konsistenz und Nährwert her entspricht sie jetzt mehr oder minder Heu. Noch ausgeprägter verläuft dieser Prozess in den Steppen Zentralasiens, der Heimat der Vierzehenlandschildkröte (*Testudo [Agrionemys] horsfieldii*).

Europäische und vorderasiatische Landschildkröten sollten folglich als Hauptnahrung möglichst rohfaserreiches Pflanzenfutter bekommen, das nur wenige leicht verdauliche Bestandteile (wie Zucker und Kohlenhydrate) sowie maximal 5–8% Proteine enthält.

Vitamine – Durch abwechslungsreiche Zusammenstellung des Pflanzenfutters lässt sich der Bedarf an Vitaminen (A und E), Mineralien und Spurenelementen weitgehend oder sogar vollständig decken. Positiv auf den Vitamin D$_3$-Haushalt wirken sich Sonnenbäder bzw. sachgerecht installierte UV-Strahler aus.

Mineralstoffe – Grundsätzliches zur Bedeutung von **Calcium** und **Phosphor** findet sich in Abschnitt 3.1.8. Calcium sollte mindestens 1,4 % (Trockensubstanz!) der Nahrung ausmachen, besser sogar 2 %. Selbst ein Anteil von 2,5 % (gegenüber 1,6 % Phosphor) wird in der Regel gut vertragen.

In freier Natur schwankt das Calcium/Phosphor-Verhältnis der Nahrung bei Schildkröten aus Trockengebieten zwischen 5:1 und 8:1 (TS). Die meisten Futterpflanzen enthalten mehr Calcium als Phosphor und sind dabei eiweißarm, aber reich an Rohfaser. Überdies werden mit Substrat-, Sand- und Kiespartikeln weitere Spurenelemente aufgenommen. Bei Ersatzfutter findet man oft ein kritisches Calcium-Phosphor-Verhältnis von 1,2:1 vor, das die Entstehung von Osteoporose, Knochenerweichung (Osteomalazie oder „Weichpanzer-Syndrom") und Deformation der Hornschilde begünstigt.

Häufig wird ein Calcium-Phosphor-Verhältnis von 2:1 empfohlen (bspw. MADER 1996), während HIGHFIELD (2000) annimmt, dass dies eher ein Minimal- als ein Idealwert ist. Er empfiehlt ein Verhältnis von 3–4:1, da wegen bestimmter Hemmstoffe (Oxal- und Pflanzensäure etc.) u.U. weniger Calcium verfügbar ist, als tatsächlich aufgenommen wird. Auch wenn große Mengen Fett zusammen mit Calcium aufgenommen werden, entsteht daraus eine unlösliche Verbindung.

Im Terrarium und Freigehege empfiehlt es sich daher, alle Nahrungspflanzen vor der Verfütterung auf ein eventuell deutlich negatives Calcium-Phosphor-Verhältnis zu überprüfen. Die als Ergebnis verbleibenden positiven bzw. neutralen Arten können zusätzlich mit Multivitamin- oder Mineralpräparaten aufgewertet werden (notfalls auch mit purem Calciumlaktat), bis ein Verhältnis von wenigstens 5:1 erreicht ist (HIGHFIELD 2000). Nach diesem Schema ernährte Jungtiere von *Testudo graeca*, *Geochelone pardalis* und *C. carbonaria* zeigten keinerlei ernährungsbedingte Panzerdeformationen (Osteodystrophie: übermäßiges Keratinwachstum bei Unterentwicklung der knöchernen Panzerplatten).

Hülsenfrüchte (vor allem Erbsen und Bohnen) wirken durch ihren hohen Gehalt an Pflanzensäure ebenfalls als „Calciumblocker" (beide wurden wiederholt als geeignete Ersatznahrung für Baby-Schildkröten empfohlen).

Genaueres
zum Nährwert von
Opuntien siehe
Tabellen 4
und 4a auf S. 26f.

Abb. 15:
Sepia-Schulp sollte bei
der Aufzucht von
Schildkröten immer als
Calciumspender zur
Verfügung stehen.
FELIX HULBERT

Auch andere Futtersorten, die auf den ersten Blick gute Calciumspender zu sein scheinen, erweisen sich bei näherer Betrachtung als weniger gut geeignet. Das Laub von Roter Beete, Kohl, Spinat und Gänsefußgewächsen (Chenopodiaceae) enthält zwar relativ viel Calcium; dieses ist aber an Oxalsäure gebunden und bildet so unlösliches Calcium-Oxalat. Feigenkakteen (*Opuntia*) – ein wichtiger Nahrungsbestandteil von Schildkröten aus Trockengebieten wie *Gopherus agassizii* und *Chelonoidis nigra* – bergen hingegen 1,89% Calcium bzw. 0,02% Phosphor (ROSSKOPF 1982). Andere bevorzugte Futterpflanzen weisen ein ähnlich positives Verhältnis auf.

Um Calciummangel vorzubeugen, kann man einen Sepia-Schulp (Calciumgehalt: ca. 41 %) oder Eierschalen (ca. 36 %) ins Terrarium bzw. Freigehege einbringen, damit sich die Tiere nach Belieben bedienen können. Gute Calciumspender sind auch Calciumlaktat (12 %) oder Calciumglukonat (8,5 %). Sie alle sollten nur wohldosiert verabreicht werden (bspw. 0,2 g Eierschalen auf 100 g Feldsalat).

Eine gute Alternative stellt Luzerne-Grünmehl dar: 2 g decken den Tagesbedarf einer Schildkröte; überdies ist es reich an Protein und Rohfaser. Ähnlich verhält es sich mit Heu-, Luzerne- und Strohpellets.

Die Nahrungspflanzen der o.a. Arten weisen oft einen hohen Kaliumgehalt auf. Dabei ist das Stickstoff/Kalium-Verhältnis maßgebend für den Nährwert. Anzustreben ist eine Relation von 1,3:1. Einige der beliebtesten Futterpflanzen wie Hornklee, Lupine, Reiherschnabel (*Erodium* sp.), Malve (*Sphaeralcea* sp.), Wegerich (*Plantago* spp.) und Gräser aus dem Mittelmeerraum (etwa *Schismus* spp.) weisen sogar ein deutlich günstigeres Verhältnis als 1,3:1 auf (DENNERT 1997).

Proteine – Der genaue Proteinbedarf von pflanzenfressenden Schildkröten lässt sich schwerer als der von Säugern abschätzen, da sie zur Verdauung auf Mikroben zurückgreifen und überdies von der Umgebungstemperatur abhängig sind. Ein 70 kg schwerer Mensch von 25 Jahren braucht täglich im Schnitt etwa 44 g (d.h. 0,628 g Protein pro Kg Körpergewicht). Da nur sehr wenige Alles- oder Pflanzenfresser ähnliche oder gar höhere Ansprüche stellen dürften, ergibt sich für eine 2 Kg schwere Schildkröte ein Tagesbedarf von **maximal** 1,25 g, der sich leicht über die üblichen Mengen fast aller geeigneten Futtersorten decken lässt. Allerdings nimmt eine freilebende, 500 g schwere Dosenschildkröte (*Terrapene* sp.) im Tagesverlauf mehr Proteine zu sich als eine zehnmal schwerere Pantherschildkröte (*Geochelone pardalis*). Bei Jungtieren darf man von etwa 0,20 g pro Kg Körpergewicht ausgehen (wobei der Bedarf je nach Spezies und Stoffwechselrate variieren kann).

Der Proteingehalt wildwachsender Nahrungspflanzen ist extrem niedrig: Eine Analyse des Nahrungsspektrums der nordamerikanischen Wüstenschildkröte *Gopherus agassizii* (Tabelle 4) ergab, dass er zwischen 1% (Feigenkakteen, *Opuntia* spp.) und 5% (verschiedene Gräserarten als Hauptbestandteil des Futters) schwankt. Die Obergrenze dürfte etwa bei 7% liegen, da in freier Natur allenfalls dieser Wert erreicht wird. Ein Durchschnittswert von 4% wird den natürlichen Verhältnissen sehr nahe kommen (die Prozentangaben in den folgenden Tabellen beziehen sich auf Feuchtfutter).

Der Proteingehalt der Nahrung von Landschildkröten

Nahrungspflanzen	Protein	Rohfaser	Ca(%)	P(%)	Ca : P
Bromus rubens	8,5	31,6	0,28	0,23	1,2 : 1
Eriachne sp.	6,3	34,8	0,59	0,09	6,6 : 1
Erioneuron pulchellum	7,6	29,1	0,99	0,06	16,5 : 1
Feigenkaktus (*Opuntia* sp.)	7,0	9,3	6,29	0,08	78,7 : 1
Muhlenbergia sp.	7,3	36,9	0,27	0,09	3,0 : 1
Senf (Laub)	28,5	10,5	1,74	0,48	3,6 : 1
Sphaeralcea ambigua	20,4	23,2	3,34	0,31	10,8 : 1
Tridens sp.	9,1	34,1	0,61	0,17	3,6 : 1
Wegerich (*Plantago* sp.)	13,3	15,9	4,16	0,19	21,9 : 1

Tabelle 7a: Nährstoffgehalt des natürlichen Futters von *Gopherus agassizii* (nach HIGHFIELD 2000 bzw. JARCHOW 1984)

(und damit auch deren Bedarf) variiert je nach Art: solche aus trockenen Lebensräumen konsumieren in der Regel deutlich weniger als Tiere, die feuchte Biotope bewohnen. Dies hängt auch mit der begrenzten Leistungsfähigkeit ihrer Nieren und der (Nicht-)Verfügbarkeit bestimmter Futtersorten zusammen. Ferner besteht ein direkter Bezug zwischen den Lebensräumen (feucht gegenüber trocken), der Zugänglichkeit von Oberflächenwasser und den Futtervorlieben bzw. dem Proteinkonsum.

Ersatzfutterpflanzen	Protein	Rohfaser	Ca(%)	P(%)	Ca : P
Bohnen (Grüne)	19,3	14,1	0,57	0,44	1,3 : 1
Endiviensalat	25,7	11,4	1,17	0,78	1,5 : 1
Honigmelone	7,8	6,8	0,16	0,18	0,9: 1
Kopf- und Eisbergsalat	22,0	11,1	0,44	0,44	1 : 1
Tomate	15,4	9,2	0,18	0,39	0,5 : 1
Weißkohl	34,6	7,5	1,44	0,54	2,7 : 1
Wirsing	27,0	9,0	0,99	0,44	2,3 : 1

Tabelle 7b: Nährstoffgehalt üblicher Ersatzfutterpflanzen (nach HIGHFIELD 2000 bzw. JARCHOW 1984)

Produkt	Protein	Fett	Rohfaser	Ca (%)	P(%)	Ca : P	Trocken-substanz
Äpfel***	1,1	3,6	6,4	0,04	0,06	0,7:1	15,6
Bananen***	6,1	0,6	2,5	0,02	0,07	0,3:1	24,3
Rüben***	8,4	1,5	8,5	0,28	0,27	1:1	11,8
Kresse**	24,5	6,7	10,4	0,76	0,72	1,1:1	10,6
Löwenzahn*	18,7	4,7	11,1	1,30	0,46	2,8:1	14,4
Endivien*	25,7	2,9	11,4	1,17	0,78	1,5:1	6,9
Eisbergsalat**	22,0	Spuren	11,1	0,44	0,44	1:1	4,5
Petersilie*	26,8	6,7	10,1	1,34	0,40	3,4:1	14,9
Pfirsiche**	4,7	1,0	5,5	0,07	0,15	0,5:1	10,9
Spinat*	35,3	3,9	6,5	1,00	0,55	1,8:1	9,3
Erdbeeren**	6,7	4,7	13,9	0,20	0,20	1:1	10,1
Tomaten***	15,4	3,1	9,2	0,18	0,38	0,5:1	6,5

Tabelle 7c: Futteranalysen anhand einiger Beispiele für die Ernährung von Landschildkröten. Die Prozentzahlen beziehen sich auf die Trockensubstanz. * = gut; ** wenig geeignet; *** nicht geeignet (nach EGGENSCHWILER 2000)

Viele Ersatzfuttersorten enthalten nicht nur wesentlich mehr Proteine als Wildpflanzen, sondern auch einen viel höheren Fettanteil; überdies sind sie ärmer an Rohfasern (Ballaststoffen). Selbst bei relativ nährstoffarmem Futter (etwa Kopfsalat) ist es circa 1% (bei den meisten Hülsenfrüchten sogar deutlich mehr als 7%). Hinzu kommt oft ein ungünstiges Calcium-Phosphor-Verhältnis (namentlich bei Keimen und Sprossen).

Eine allzu proteinreiche Ernährung wirkt sich vor allem bei Pflanzenfressern negativ aus (Panzer- und Skelettdeformationen sowie Nierenschäden). Als Faustformel sollte der Proteinanteil des Futters (Trockensubstanz!) bei Jungtieren maximal 25%, bei Alttieren hingegen 20 % ausmachen (DENNERT 1997).

Es trifft nicht zu, dass tierische Eiweiße für pflanzenfressende Landschildkröten schädlich, solche pflanzlicher Herkunft aber unbedenklich sind. Bestimmte Pflanzenprodukte (vor allem Erbsen, Bohnen oder Tofu) enthalten viel mehr Proteine als manche tierischer Nahrung und überdies andere schädliche Substanzen (u.a.

Oxal- und Pflanzensäure sowie Purine), welche die Aufnahme von Calcium zusätzlich erschweren. Solches Futter führt zu abnorm schnellem Wachstum, einem erhöhten Harn- und Stickstoffspiegel des Blutplasmas und damit langfristig zu Gelenk- und Eingeweidegicht. Man vergleiche nur den Protein- und Calciumgehalt typischer Hülsenfrüchte und Sojaprodukte mit dem lebender Heimchen:

Futtersorte (100g)	Protein	Kalorien	Kohlenhdrate	Phosphor(mg)	Calcium (mg)
Heimchen (lebend)	12,9	121	5,1	183,5	78,5
Dicke Bohnen	8,4	105	17,8	157	27
Erbsen	5,0	84	14,4	116	26
Erbsen (Tiefkühlware)	5,0	68	12,0	86	19
Junge Grüne Bohnen	1,2	22	4,9	14	54
Limabohnen	8,4	123	22,1	142	52
Sojabohnen	10,9	134	13,2	225	67
Tofu (fest)	14,5	135	6,8	69	18,5

Tabelle 8: Nährwerte von Hülsenfrüchten und Sojaprodukten im Vergleich mit lebenden Heimchen* (nach HIGHFIELD 2000)

*Die Werte beziehen sich bei allen Hülsenfrüchten auf Frischware. Junge Grüne Bohnen weisen den niedrigsten Protein- und Kohlenhydratgehalt auf, da diese Inhaltsstoffe bei der Ernte noch kaum entwickelt sind. Der mit 4.800 Teilen/Mio. recht hohe Pflanzensäuregehalt verhindert die Verwertung des recht ansehnlichen Calciumanteils.

Obgleich Linsen-, Bohnen- und Erbsenkeime gelegentlich als unbedenkliches, nährstoffreiches Futter für pflanzenfressende Reptilien empfohlen wurden (FRYE 1993), sind sie aus den oben genannten Gründen ungeeignet: sie können nicht nur bei Jungtieren schwere Panzerdeformationen verursachen, sondern auch zu Nierenversagen und Blasensteinen führen.

Kohlenhydrate – Sehr unterschiedlich ist auch der Kohlenhydratgehalt der verschiedenen Nahrungspflanzen. Die höchsten Konzentrationen finden sich normalerweise in Früchten, Samen, Stängeln und Wurzeln. Im Einzelfall können die Werte äußerst stark variieren – nicht nur je nach Jahreszeit oder Wachstumszyklus, sondern

Abb. 16 +17:
Testudo hermanni boettgeri beim Fressen von Eisbergsalat. Beachte: mit den Vorderfüßen wird der Salat beim Verzehr fixiert!
FELIX HULBERT

auch in Abhängigkeit von der Photosynthese. Außerdem sind sie gegen Abend höher als am frühen Morgen.

Die reichliche Verfütterung solcher Pflanzenarten kann dort, wo sie nicht den natürlichen Verhältnissen entspricht (etwa bei den meisten Landschildkröten aus wüsten- oder savannenartigen Lebensräumen) bedenkliche Folgen haben: deutliche Verkürzung der Darmpassage, stärkere Gasbildung (Blähungen), Veränderungen des pH-Werts, schwere Störungen des Verdauungsprozesses und des Gleichgewichts der Darmflora. Umgekehrt kommt es bei an stärke- und pektinreiche Nahrung angepassten Arten zu einem Energiedefizit, wenn man ihnen nur Gräser bzw. Heu anbietet.

Zum Nährwert beliebter Futtermischungen – Sehr oft wird versichert, dass sich aus handelsüblichen Produkten leicht eine Futtermischung zusammenstellen lässt, die den Bedarf der Schildkröten an Calcium, anderen Spurenelementen, Energie und Vitaminen deckt. Die betreffenden Gewährsleute übersehen dabei in aller Regel, dass die von ihnen angeführten Tabellen lediglich Durchschnittswerte enthalten, die deutlich unter- oder überschritten werden können. Das Calcium-Phosphor-Verhältnis von Kopfsalat hängt bspw. von zahlreichen Faktoren ab (Bodenchemie des Anbaugebietes, Bewässerungsmethode, Düngung, Anbauperiode, Alter der Pflanzen bei der Ernte etc.). Einige Salatsorten stehen dabei am oberen Ende der Skala, andere am untersten.

Abweichungen können sich auch aus den jeweils analysierten Pflanzenteilen ergeben: Hüllblätter zeigen bspw. ganz andere Resultate als Blätter aus dem Herzen eines Salatkopfes. Ähnlich verhält es sich mit Spurenelementen: Eine Stichprobe kann relativ reich an Selen und Kobalt sein, während eine andere (zumindest aus der Sicht einer Schildkröte) gravierende Mängel aufweist.

Einige Beispiele: eine Orange kann – je nach Zustand und Reifegrad – bis zu 180 mg Vitamin C enthalten. 100 g Karotten bergen zwischen 70 und 18.500 (!) I.E. Vitamin A, 100 g Kopfsalat wiederum zwischen 0,1 und 16,9 mg Mangan. 100 g. Spinat – angeblich ein exzellenter Eisenspender – liefert 0,1 bis 158 mg ... (HIGHFIELD 2000).

Ein typisches, von vielen Schildkrötenhaltern verwendetes Mischfutter setzt sich bspw. aus folgenden Hauptbestandteilen zusammen:

Komponente	Salat	Apfel	Banane	Erdbeere	Möhre	Löwenzahn
%-Anteil	80	12	5	1	1	1
Rohprotein (%)	1,04	0,04	0,08	0,01	0,01	0,03
Rohfett (%)	0,48	0,28	0,0	0,02	0,00	0,00
Ca (mg)	17,60	1,2	0,5	0,00	0,15	1,87
P (mg)	20,00	1,2	2,0	0,00	0,13	0,70
Ca/P-Verhältnis	0,9	1,0	0,3	0,9	1,1	2,7

Tabelle 9: Typische Futtermischung für Landschildkröten (nach DENNERT 1997)

Diese Mischung enthält 0,21 % Calcium und 0,24 % Phosphor (Trockensubstanz). Dabei lässt sich der Calciumgehalt entscheidend verbessern, wenn man statt Kopfsalat Römischen Salat verfüttert. Das ideale Calcium/Phosphor-Verhältnis von 2,0:1,2 wird so allerdings noch nicht erzielt. Zurückhaltung beim Einstäuben des Futters: überschüssiges Calcium wird, sofern es aus dem Darm resorbiert wurde, in Form von Phosphatsalzen ausgeschieden und führt so zu Phosphorverlust!

4.1.1. Feuchtfutter

Lebende bzw. erntefrische Pflanzen(teile) bergen in der Regel mehr Nährstoffe als aufbereitete Produkte und lassen sich bei Eigenanbau bzw. genauer Ortskenntnis wesentlich besser kontrollieren resp. beurteilen (vgl. den folgenden Abschnitt). Beim Kauf sollte man sich vergewissern, dass die Ware nicht mit Pestiziden oder Herbiziden behandelt worden ist. Wenn Zweifel bestehen, kann man Obst und Gemüsefrüchte zur Sicherheit vor der Verfütterung großzügig schälen. Als „Öko-Produkte" deklarierte Angebote bieten keine Garantie für Unbedenklichkeit, da es hier bisher keine rechtsverbindlichen Qualitätskriterien wie Gütesiegel u.ä. gibt!

Bedenken Sie auch, dass Arten aus Trockengebieten bzw. Regionen mit ausgeprägten Regen- und Trockenperioden von ihrer „inneren Uhr" dazu angeleitet werden, in den normalerweise heißesten Monaten nur welkes Futter zu sich zu nehmen oder sich sogar unabhängig von den tatsächlichen Witterungsverhältnissen auf eine

Abb. 18:
Brombeere
FRANK FORMAN

Abb. 19:
Taubnessel
FRANK FORMAN

Sommerruhe vorbereiten (ein bekannter Fall ist die Vierzehenlandschildkröte *Testudo [Agrionemys] horsfieldii*). Vielfach sind bestimmte Sorten von Frischfutter (vor allem Obst und protein- bzw. kohlenhydratreiche Gemüse) für Schildkröten aus Trockengebieten mehr oder minder ungeeignet (vgl. Abschnitt 2.5.).

4.1.1.1. Kulturpflanzen

Heimische und exotische Gartenbau- bzw. Plantagen-produkte kommen in sehr unterschiedlichem Maße als Nahrung für unsere Schildkröten in Frage:

Abb. 20:
Gänsedistel
FRANK FORMAN

Abb. 21:
Gänseblümchen
FRANK FORMAN

Kulturgemüse weist fast durchweg ein negatives Calcium/Phosphor-Verhältnis auf und ist überdies meist arm an Calcium. Befriedigend ist das Verhältnis (mit einem Calciumgehalt von etwa 2 % der TS) nur bei einigen wenigen Sorten, wobei Blatt- und Stängelgemüse im Allgemeinen besser gestellt sind als Gemüsefrüchte oder -keime (s.u.).

Salat (der häufig sehr negativ beurteilt wird) ist in Wirklichkeit (was das Calcium-Phosphor-Verhältnis angeht) relativ neutral: 100 g Eisbergsalat enthalten bspw. 20 mg Ca und 22 mg P, während es bei Römischem

Salat sogar 68 mg bzw. 25 mg sind. Obwohl er als alleinige Nahrung zu einseitig ist, kann er unter kontrollierten Bedingungen sehr gut als Zusatzfutter eingesetzt werden.

Gurken, Kürbis, Paprika und Tomaten sind wegen des negativen Calcium/Phosphor-Verhältnisses und ihres geringen absoluten Gehalts an diesen Elementen keine besonders hochwertigen Futtersorten.

Günstig einzustufen sind hingegen Gartenkresse, Grünkohl, Petersilie, Löwenzahn und Weißklee. Löwenzahn ist besonders hochwertig, da hier 198 mg Ca auf 66 mg P/100 g kommen; außerdem enthält er 14.000 I.E. Vitamin A, 0–19 mg des B-Vitamins Thiamin und 2,7 g Protein. Ein vergleichsweise hoher Calciumanteil (ca. 2%) findet sich auch bei Brunnenkresse, Futtermalve, Möhren (Laub), Markstammkohl u.a., doch sind diese Pflanzen arm an Phosphor.

Obst ist im Allgemeinen calciumarm, enthält aber viel Phosphor (vor allem Kern- und Steinobst). Mit Beerenobstsorten (va. Brom- und Johannisbeeren) steht es besser. Ein nahezu optimales Calcium/Phosphor-Verhältnis weisen bspw. Feigen und Kaktusfeigen (*Opuntia* sp.) auf. Die Akzeptanz und Verdaulichkeit von Obst ist allgemein gut, doch begünstigt es die Vermehrung von Hefepilzen im Darm. An pflanzenfressende Landschildkröten aus Trockengebieten sollte man es nur sparsam verfüttern, da sich der hohe Kohlenhydratanteil (Zucker!) negativ auf die Darmflora auswirken kann!

Bananen (Früchte und Blätter) – die sich in tropischen Nachzuchtprojekten als leicht verfügbares Futter großer Beliebtheit erfreuen – weisen ein deutlich negatives Calcium/Phosphor-Verhältnis auf und können bei rasch wachsenden Tieren leicht zu einer Unterversorgung mit Calcium führen (bei Frischware kommen auf 100 g jeweils 8 mg Calcium und 30 mg Phosphor, bei Trockenfrüchten beträgt das Verhältnis 32:104).

Bei auschließlicher Fütterung mit Bananen ist mit Verstopfung zu rechnen.

4.1.1.2. Eigene Pflanzenzuchten

Terrarianern, die das Frischfutter ihrer Schildkröten von Anfang an kontrollieren wollen, bietet sich als Alternative der Anbau auf eigenem Grund und Boden an. Kritisch wird es allerdings, wenn die Grundstücke an vielbefahrenen Straßen oder in der Nähe von Industrieanlagen liegen.

Wer eine Auswahl geeigneter Pflanzen im eigenen Garten anbauen kann, sollte auf die Bodenqualität achten: sie bestimmt in hohem Maße den Gehalt an Spurenelementen (und damit den Nährwert). Auf sauren Böden sorgt eine mäßige Mineraldüngung (etwa mit kalziniertem Seetang) für die Zufuhr von Calcium, Magnesium und Spurenelementen. Wenn man nur einen Teil der Fläche düngt, lässt sich überprüfen, ob die Tiere die dort angebauten Pflanzen bevorzugen (oder auch nicht). Auch sehr kalkhaltigen Böden kann eine solche Düngung fehlende Spurenelemente zuführen.

4.1.1.3. Wildgräser und -kräuter

In Freiheit fressen Schildkröten nicht nur Pflanzenblätter, sondern auch Samen, Früchte, Blüten, Wurzeln, Rinde und Gräser. Bei SAMOUR u.a. (1987) findet man einen Überblick über das Ausmaß bewusster Futterauswahl bei *Dipsochelys dussumieri*.

Die Bedeutung abwechslungsreichen Futters liegt nicht allein darin, dass die Tiere ein breites Spektrum von Vitaminen, Mineralien und Ballaststoffen erhalten; vielmehr nehmen sie über Laub, Hartgräser und Sämereien lebenswichtige Aminosäuren auf. Infolgedessen fällt die potenzielle Nettoproteinnutzung (NPN) der Nahrung erheblich günstiger aus. Derart versorgte Schildkröten kommen erstaunlich gut mit sehr proteinarmem Futter zurecht.

Wildkräuter sind viel nahrhafter als Salat aus dem Supermarkt, und ihr Rohfasergehalt ist ebenfalls viel höher. Wenn man sie direkt im Freigehege kultivieren kann, werden es die Tiere zu danken wissen: Nicht nur mediterrane Landschildkröten profitieren von dieser gesunden Kost. Sie sollte wegen ihres günstigen Calcium/Phosphor-Verhältnisses und Reichtums an Ballaststoffen die Grundlage des Futters aller pflanzenfressenden Landschildkröten bilden.

Zusätzlich empfiehlt es sich, regelmäßig auch ein hochwertiges Multivitamin- und Mineralpräparat zu verabreichen, das u.a. Spurenelemente wie Zink und Selen enthält. Allerdings variieren die individuellen

Abb. 23:
Weißklee
FRANK FORMAN

Bedürfnisse von Art zu Art: Tiere aus Trockengebieten wie den Mittelmeerländern brauchen weniger Spurenelemente, da sie sich an die Mangelsituation in ihren Herkunftsgebieten angepasst haben.

Die Nahrungspflanzen vieler Wüstenschildkröten zeichnen sich im Allgemeinen durch einen recht hohen Kaliumgehalt aus. Maßgebend für den Nährwert einer Pflanze ist das Stickstoff/Kalium-Verhältnis. Anzustreben ist eine Relation von 1,3:1. Einige der beliebtesten Futterpflanzen (wie Lupine, Reiherschnabel (*Erodium* sp.), Malven (*Sphaeralcea* sp.), die verschiedenen Wegericharten (*Plantago* spp.) und Mittelmeer-Gräser (*Schismus* spp.) enthalten sogar deutlich mehr als 1,3 g dieses Elements.

Abb. 24:
Breitwegerich
FRANK FORMAN

Pflücken Sie
Futterpflanzen möglichst
niemals in der Nähe viel-
befahrener Straßen
(Bleibelastung durch
Autoabgase!) oder auf
Feldern, wo Chemikalien
versprüht wurden. Als
Alternative bietet sich
auch hier der Anbau auf
eigenem Gelände an.

Tabelle 10 beruht überwiegend auf Beobachtungen, die an freilebenden Schildkröten (vorwiegend in Griechenland und der Türkei) gemacht wurden (Lin KING, zitiert in HIGHFIELD 2000). Sie enthält auch Arten, die in Mittel- und Westeuropa ebenfalls vorkommen oder dort nahe Verwandte haben.

Schaffen Sie sich am besten ein Bestimmungsbuch für Wildpflanzen an und machen Sie sich mit den lateinischen Namen vertraut, da die deutschen Namen je nach Region variieren können. Empfehlenswert sind u.a. „Pflanzen und Tiere Europas" von Harry GARMS (Westermann Verlag) oder die einschlägigen KOSMOS-Naturführer (Franckh'sche Verlagsanstalt).

Deutscher Name	Wissensch. Bezeichnung	Anmerkung
Ackerwinde	Calystegia spp.	
Bärenklau	Acanthus sp.	
Breitwegerich	Plantago media	
Brombeere*	Rubus fruticosus	Schösslinge, Blätter, Früchte
Clematis (Wildform)		
Ferbelkraut	*Hypochoeris* spp.	
Geißblatt	*Lonicera periclymenum*	besonders beliebt bei *Testudo hermanni*
Goldlack	*Erysimum officinale*	Jungpflanzen
Klee	*Trifolium* spp.	
Löwenzahn	*Taraxacum officinale*	Blätter, Stängel und Blüten
Malve	*Malva* spp.	
Mauerpfeffer	*Sedum* spp.	
Nesseln	*Lamia* spp.	
Pippau	*Crepis capilloris*	Blätter und Blüten
Purpurrote Taubnessel*	*Lamium purpureum*	
Robinie (Scheinakazie)		
Rotklee	*Trifolium pratense*	Blätter, Stängel und Blüten
Saudistel	*Sonchus oleraceus*	Blätter, Stängel und Blüten
Spitzwegerich	*Pantago lanceolata*	
Stachlige Saudistel	*Sonchus asper*	grob oder fein gehackt anbieten
Sternmiere*	*Stelaria media*	
Taubnessel	*Lamium album*	
Wegerich	*Plantago* spp.	
Weißklee	*Trifolium repens*	Blätter, Stängel und Blüten
Wicke	*Vicina* spp.	
Zimbelkraut	*Cymbalaria muralis*	

Mit einem * markierte Arten sind immergrün und können auch im Winter geerntet werden (außer während scharfer Frostperioden), wodurch der Speisezettel in dieser Jahreszeit eine wertvolle Bereicherung erfährt.

Tabelle 10: Wildwachsende Futterpflanzen aus Mittel- und Westeuropa (nach HIGHFIELD 2000).

Auf ökologisch unbedenklichen Grundstücken bzw. in größeren Freigehegen kann man als Alternative zur „Ernte" in der freien Natur auch spezielle Samenmischungen für „Wildblumenwiesen" aussäen. Dies bedarf natürlich einer gewissen Vorbereitungszeit, und der Besatz des Geheges sollte in einem ausgewogenen Verhältnis zur Fläche sowie zum Entwicklungsstand der Pflanzendecke stehen. Dann wird diese nicht über Gebühr beansprucht, sondern bleibt für eine nachhaltige Nutzung verfügbar. Derart bepflanzte Grundstücke liefern – sofern die übrigen Faktoren (keine Schadstoffbelastung etc.) stimmen – im Hochsommer auch hochwertiges Trockenfutter bzw. Heu.

4.1.2. Trockenfutter

Je nach geographischer Lage unseres Wohnorts stehen unterschiedlich viele Grassorten zur Verfügung, die sich (sofern die Standortbedingungen stimmen) ohne Weiteres frisch oder trocken verfüttern lassen. Handelsübliche Heumischungen sind in der Regel ebenfalls gut geeignet. Wählen Sie aber keine Produkte, die viele stachlige Pflanzenteile enthalten: diese könnten zu Mund- oder Augenverletzungen führen. Heu aus dem zweiten oder dritten Schnitt einer Wiese enthält in der Regel weniger stachlige Beimischungen, aber auch weniger Rohfaser.

4.1.3. Fertigfutter
4.1.3.1. Mischfutter

Bei artgerechter Zusammensetzung stellen die gebrauchsfertigen Feucht- und Trockenfuttermischungen, die seit geraumer Zeit in zunehmender Vielfalt auf dem Markt vertreten sind (sofern sie keine bedenklich hohen Proteinanteile aufweisen) , durchaus Alternativen dar – aber nur als Ergänzung oder zeitweiliger Ersatz, nicht als Alleinfutter!

Ein großer Nachteil dieser Produkte besteht darin, dass es bisher keine verbindlichen Zusammensetzungs- bzw. Etikettierungsvorschriften gibt. Zwischen Etikettierung und tatsächlichem Inhalt bestehen bisweilen gravierende Unterschiede, die u.U. sogar mit bloßem Auge wahrnehmbar sind. Auf Trockenpflanzen basierende Fabrikate eigenen sich dabei im allgemeinen besser als Mühlenprodukte.

Preiswerte Mischungen (mit Aussaatanleitung) erhält man bspw. über den B.U.N.D. (http://www.bund.de) oder die Biologische Bundesanstalt Braunschweig (http://www.bml.de/forschungsreport/rep1-97/unkraut.html); das übrige im Internet zugängliche Angebot ist sehr reichhaltig, ermöglicht dadurch auch Preisvergleiche.

Hinweisen möchten wir auf die Wilkräutermischungen der Firma Myrrhenkerbel: Anschrift: Ursula Schneider Im Alten Feld 9 51588 Nümbrecht E-Mail: Myrrhenkerbel@t-online.de URL: http://www. home. t-online.de/home/ myrrhenkerbel/ home.htm/liste.htm

Da abgepacktes Heu überwiegend aus Gräsern besteht, sollte man es mit Blüten (Hibiskus, Löwenzahn, Petunie, Veilchen etc.) anreichern. Entstachelte *Opuntia*-Glieder und -früchte, Klee und andere „Unkräuter" sind ebenfalls ein willkommener Zusatz.

Abb. 25:
Für Arten aus extrem ariden Gebieten (wie hier z.B. *T. kleinmanni*) stellt Heu einen wichtigen Nahrungsbestandteil dar.
FELIX HULBERT

Das Calcium/Phosphor-Verhältnis der marktgängigen Sorten weist eine beträchtliche Schwankungsbreite auf (zwischen 1:1 und 7,9:1 !). Noch krasser sind die Unterschied im Hinblick auf den Calciumgehalt: er bewegt sich zwischen 0,02 und 9,18 % (DENNERT 1997). Tabelle 11 (vgl. S. 62) veranschaulicht den Nährstoffgehalt und die Zusammensetzung einiger auch auf dem deutschen Markt erhältlicher Fertigfuttersorten.

4.1.3.2. Heupellets

Sehr reichhaltig ist auch die Auswahl der im Zoofachhandel angebotenen Trockenfuttersorten. Prinzipiell stellt sich das oben erwähnte Deklarationsproblem bei diesen Produkten nicht, und im Grunde können für Nagetiere gedachte auch an Schildkröten verfüttert werden. Um so erfreulicher ist, dass es hier seit kurzer Zeit ein recht ausführlich analysierte Produktgruppe gibt, nämlich PRE ALPIN TESTUDO, HERBS und FIBRE.

Diese für pflanzenfressende Landschildkröten gedachten Produkte der AGROBS GmbH (82541 Degern-

Abb. 26:
Pyxis arachnoides brygooi
„schnuppert" am Heu
FELIX HULBERT

Heu – naturbelassen oder
in Form von Miniatur-
presslinge (Cobs) – ist für
Landschildkröten aus
Trockengebieten der
beste Rohfaserspender
(Orginalgröße).

dorf am Starnberger See) enthalten in unterschiedlichen Kombinationen mehr als 60 Gräser und Wildkräuter des bayrischen Alpenvorlandes, die nach dem Trocknen (Warmluft) ohne Zusatz von Kleie oder Stroh zu Cobs gepresst werden. Beachten Sie aber, dass Pflanzen aus Gebirgsgegenden oder von stark kalkhaltigen Böden verhältnismäßig arm an Jod sein können.

TESTUDO besteht aus 15 mm langen Graspartikeln (in Cob-Form), HERBS enthält zusätzlich die oben erwähnte Kräutermischung und FIBRE ist bei gleicher Zusammensetzung nicht gepresst. Verluste durch Abbröckeln und Nachgärungen (wie sie bei der üblichen Heuaufbereitung anfallen können) sind dadurch ausgeschlossen, und die Nährstoffe (Vitamine, Mineralstoffe und Spurenelemente) bleiben weitestgehend erhalten. Dass die Produkte von PRE ALPIN sehr wenig Protein enthalten, spräche für ihre Eignung als Landschildkrötenfutter; überdies werden Leber und Nieren auf diese Weise kaum belastet und der Organismus wirksam entschlackt. Die wenigen Proteine decken den arteigenen Bedarf der Tiere vollkommen.

Name	Proteine	Fette	Rohfaser	Wichtigste Inhaltsstoffe (nach Anteil)
Kaytee Land Turtle and Tortoise Diet	14	4	10	Mais, Hafer, Luzerne
Nutrafin Turtle Pellets	34	4	2,5	Fischmehl, Soja, Hafer, Weizen, Shrimps
Tetra Terrafauna Reed's Iguana and Tortoise Food	20	4	15	Weizen, Sojamehl, Luzernemehl, Molasse, Salz
T-Rex Box Tortoise Dry Formula	13	3	10	Mais, Weizen, Hafer, Soja, Luzernemehl
T-Rex Box Turtle Dry Formula	23,2	5,1	8,2	Hafer, Mais (Schrot & Mehl), Soja-Proteine
Wardley Turtle Delight	50	1,5	4	ganze Shrimps
ZooMed Zoo Menu Aquatic Turtle Food	30	5	10	Weizenmehl, Sojamehl, Fischmehl, Sojaöl, Ascorbinsäure
ZooMed Zoo Menu Box Turtle/ Tortoise Food	18,4	5,2	8	Mais, Sojamehl, Weizen, Luzernemehl, Hafer
ZooMed Zoo Menu Land Tortoise Food	3	0,5	1	Apfel, Maismehl, Pfirsiche, Opuntien, getr. Karotten

Tabelle 11: Zusammensetzung einiger Importfertigfuttersorten (nach PALIKA 1996)

Prozentual setzen sich die drei Produkte folgendermaßen zusammen:

	Testudo	Herbs	Fiber
Eiweiß	6	9	9
Rohfett		3,5	3,5
Rohfaser	28	22,7	22,7
Rohasche	5,2	9,9	9,9
Wasser	8,6	9	9,5
Calcium	0,34	1,0	1,0
Phosphor	0,28	0,47	0,47
Rohprotein	5	7,2	7,2

Tabelle 12: Zum Nährstoffgehalt der drei AGROBS-Produkte (Originaldeklaration der Herstellerfirma)

4.1.4. Pflanzliche Schadstoffe (ohne Gifte i.e.S.)

Neben Nährstoffen und Giften können Pflanzen auch Wirkstoffe enthalten, welche die Verarbeitung bestimmter Substanzen erschweren bzw. verhindern und so zu nicht selten tödlich verlaufenden Krankheitsbildern bzw. erheblichen Beschwerden führen können.

Im folgenden sollen einige dieser Inhaltsstoffe näher erörtert und verdächtige Arten aufgelistet werden. Besondere Beachtung verdienen jene Pflanzen, die hohe Konzentrationen von mehreren dieser Substanzen bergen. Sie sind in den folgenden Tabellen mit einem Sternchen (*) gekennzeichnet, und man sollte sie grundsätzlich von der Speisekarte streichen.

Fagopyrin – Dieser Stoff kommt vor allem in Buchweizen vor. Er verursacht eine gesteigerte Lichtempfindlichkeit der Haut (Photodermatitis), die jedoch von selbst wieder abklingt.

Gärprodukte (Alkohol etc.) – Überreife, bereits in Gärung übergehende Früchte können u.a. zu vorübergehenden Gleichgewichtsstörungen und motorischen Schwierigkeiten führen. Bei pflanzenfressenden Landschildkröten ist eine nachhaltige Schädigung der Darmflora zu befürchten!

An Wiesengräsern und -kräutern sind im Einzelnen laut firmeneigner Deklaration folgende Arten vertreten: Testudo: Wiesengräser und Löwenzahn. Herbs & Fibre: Deutsches Weidelgras, Echtes Labkraut, Frauenmantel, Glatthafer, Goldhafer, Honiggras, Kammgras, Knaulgras, Lieschgras, Löwenzahn, Rohrschwingel, Schafgarbe, Schwedenklee, Spitzwegerich, Zaunwicke, Wiesenfuchsschwanz, Wiesenkerbel, Wiesenrispe, Wiesenschwingel u.v.a.m. Insgesamt stellen diese Produkte nach Gutachten des Münchner Instituts für Zoologie, Fischereibiologie und Fischkrankheiten ein ideales Trockenfutter dar, da sie drei Eigenschaften vereinigen: Proteinarmut, hoher Rohfaseranteil (Ballaststoffe) und damit leichte Verdaulichkeit.

Abb. 27:
Spaltenschildkröte
beim Fressen einer
Kräuter-Salatmischung.
FELIX HULBERT

Kropfbildner – Verschiedene Kohlsorten enthalten besonders hohe Konzentrationen dieser Substanzen: sie verlangsamen die Aufnahme von Jod durch die Schilddrüse und hemmen die Bildung des Sekrets (Thyroxin). Dadurch kommt es zu einer Vergrößerung dieser Drüse (= Kropf). Oft kann Jod für Abhilfe sorgen, doch ist dies keine vollwertige Lösung, da die Krankheit nicht durch primären Jodmangel verursacht wird. Verdächtige Pflanzen wie Raps, Meerrettich, Wiesen-Schaumkraut und Acker-Hellerkraut sollte man besser gar nicht anbieten. Zu den bedenklichen Gemüse- bzw. Kulturpflanzenarten gehören Blumenkohl*, Brokkoli, Brunnenkresse, Grünkohl, Hirse, Kohl*, Kohlrabi, Radieschen, Rettich (Laub)*, Rosenkohl und Sojabohnen (mit einem * gekennzeichnete Arten sind besonders bedenklich).

Nitrate machen etwa 0,5–3,0 % der Trockenmasse von Spinat, Beinwell und anderen Pflanzen aus: sie führen zur drastischen Verringerung der Roten Blutfarbstoffe (Hämoglobine), so dass die betroffenen Tiere unter Krämpfen verenden.

Oxalsäure ist ein natürlicher Inhaltsstoff zahlreicher Pflanzen. In hohen Dosierungen verursacht sie Geschwüre, Krämpfe und Erbrechen. Auch Nierensteine aus Calciumoxalat sind ein recht häufiges Krankheitsbild.

Pflanzensäure – Sie findet sich in den meisten Getreidesorten, Hülsenfrüchten, Nüssen, Ölsaaten, Knollenfrüchten und organischen Böden. Die Konzentration schwankt zwischen 0,4 und 10,7% (Gewichtsanteil).

Ihre wichtigste hemmende Eigenschaft besteht darin, dass sie sich mit Mineralien und Proteinen verbindet, die dann nicht mehr verwertet werden können (vor allem Zink, in geringerem Maße auch Calcium, Magnesium, Mangan und Eisen). In dieser Hinsicht ähnelt sie der Oxalsäure. Außerdem bindet sie Stärke (Kohlenhydrate). Den höchsten Gehalt an Pflanzensäure weisen Erbsen und Bohnen (1–4%), Weizenkleie (5%), Reiskleie (8%) und Sojakonzentrat (10,7%) auf. Auch die meisten Getreideprodukte (besonders Vollkornbrot) enthalten sehr viel Pflanzensäure und gehören deshalb nicht auf den Speiseplan von Schildkröten.

Abb. 28:
Malacochersus tornieri.
FELIX HULBERT

Ein wichtiges Hilfsmittel ist das Buch von ROTH et al. (vgl. S. 127), das inzwischen als preiswerte Sonderausgabe vorliegt!

Oxalsäure bindet Calcium, Eisen, Magnesium, Soda und Pottasche zu unlöslichen Salzen (sogenannten Oxalaten) (nur 5% des Calciumgehalts von Spinat können verwertet werden) und senkt so den Calciumspiegel des Blutes. Nur wenige Nutzpflanzen gehören zu dieser Kategorie, bspw. Rhabarber (rohe Blätter und Stiele). Unter den Wildpflanzen verdienen Sauerklee, diverse Ampferarten und Aaronstabgewächse Beachtung (zu Letzteren gehört auch die als Zimmerpflanze beliebte *Dieffenbachia*). Kritische Dosen (> 200 Teile auf 1 Mio.) enthalten u.a. die folgenden Arten (vgl. Tabelle 13):

Blasensteine kommen als Krankheitsbild gelegentlich vor, während Oxalat bei der Genese von Nierensteinen laut KÖLLE & BAUR (mündl. Mitteilung) offenbar keine Rolle spielt (von 50 analysierten Steinen wies kein einziger einen entsprechenden Befund auf).

Deutscher Name	Wiss. Bez.	Teile pro Mio.
Aubergine	*Solanum melongena*	
Banane	*Musa* sp.	5.240
Blumenkohl	*Brassica oleracea var.*	
Bohnen*	*Faba* sp.	ca. 300
Brunnenkresse	*Nasturtium* sp.	
Buchweizen	*Fagospyrum esculentum*	ca. 111.000
Gänsefuß	*Chenopodium berlandieri*	ca. 300.000
Gartenampfer	*Rumex patientia*	3.000
Kohl	*Brassica* sp.	ca. 350
Kürbis	*Cucurbita* sp.	
Mais	*Zea mays*	
Mango	*Mangifera indica*	300
Mangold*	*Beta vulgaris convar. vulgaris*	
Paprika(schoten)	*Solanum lycopersicon*	
Portulak	*Portulacum* sp.	16.750
Preiselbeere	*Vaccinium vitis-idaea*	
Rhabarber	*Rheum* sp.	ca. 12.000
Rote Beete	*Beta vulgaris*	
Rote Beete (Laub)	*Beta vulgaris*	
Sellerie	*Apium graveolens*	
Senflaub	*Sinapis* sp.	1.300
Sojabohne	*Glycine max*	
Spinat	*Spinacia oleracea*	
Stachelbeeren	*Ribes* sp.	
Sternfrucht	*Averrhoa carambola*	50.000 – 95.000
Süßkartoffel	*Ipomoea batates*	
Tofu*		
Wirsing*		
Zucchini		

Tabelle 13: Oxalsäuregehalt einiger Pflanzen(-Produkte) (nach HIGHFIELD 2000)

Verstärkte Calciumgaben erreichen eher das Gegenteil, da sie die Aufnahme von Zink noch stärker behindern. Am besten verzichtet man konsequent darauf, diese Pflanzen zu verfüttern. Eine Liste enthält Tabelle 14.

Purine wurden erst im neunzehnten Jahrhundert in der Harnsäure entdeckt. Schon damals stand fest, dass sie beim Menschen zu Gicht führen. Sie helfen dem Organismus, die Zellen von überschüssigem Stickstoff zu befreien; ferner dienen sie als chemische Botenstoffe und Energieleiter. In zu hohen Konzentrationen verursachen sie jedoch schwere Probleme, u.a. bestimmte Erbschäden. Sie sind für Reptilienhalter besonders wichtig, weil sie sehr eng mit der Harnsäure zusammenwirken. Hohe Dosen führen automatisch zu verstärkter Harnsäureproduktion. Dies wiederum belastet die Nieren erheblich, und Nierenkrankheiten sind bekanntlich mit die häufigste Todesursache bei pflanzenfressenden Reptilien. Besonders hohe Konzentrationen enthalten die folgenden Futtersorten:

- Gemüse und Gemüseprodukte: Avocados, Blumenkohl*, Bohnen (alle Arten)*, Erbsen*, Pilze, Sojamehl (alle Sorten)*, Spargel, Spinat* und Tofu.
- Tierische Nahrung: alle Fleischprodukte, Fisch (Anchovi, Hering, Lachs, Makrele, Sardine, Thunfisch), Shrimps.

Saponine – Diese Substanzen sind unter anderem in Rübenlaub, Hülsenfrüchten, Beinwell und Spinat enthalten. Sie können zu einer Schädigung der Zellmembranen führen, wirken aber nur bedingt toxisch, da sie vom Organismus nur schlecht aufgenommen werden.

Tannine (Gerbstoffe) – Große Mengen dieser Substanzen behindern die Verarbeitung von Kohlenhydraten und Proteinen, da sie sich im Verdauungstrakt mit Letzteren verbinden, die nun von der Darmflora nicht mehr verdaut werden können. Dies ist schon bei Konzentrationen von 2–4% der Fall, während bei mehr als 5% die Verdauung von Rohfasern stark gehemmt wird. Werte über 9% können sehr rasch zum Tode führen. Niedrige Konzentrationen zeigen hingegen allgemein günstige Wirkungen: Tabelle 15 enthält eine Liste der bedenklichen Pflanzenarten.

4.1.5. Giftpflanzen

Einige Schildkrötenarten nehmen keinen Schaden, wenn sie für Säuger hochgiftige Pflanzen fressen, da ihr

Art	Teile / Mio.
Bohnen*	~ 4.800
Brauner Reis	
Buchweizen*	
Erbsen*	~ 10.000
Hafer	
Hirse*	
Kürbiskerne	22.000
Mais*	
Petersilie	
Rhabarber*	
Roggen	
Rote Beete (Laub)	
Sojamehl und -bohnen	
Weizen	48.500
Wirsing*	

Tabelle 14: Pflanzensäuregehalt einiger Pflanzen(-produkte) (nach HIGHFIELD 2000)

Kleine Mengen purinhaltigen Futters sind für die meisten Sumpf- und Wasserschildkröten und zahlreiche „amphibische" oder landbewohnende Arten aus feuchten Lebensräumen unbedenklich. Gefährlich sind diese Substanzen hingegen für Bewohner von halbtrockenen Regionen, Tiere mit vorgeschädigten Nieren und solche, die unter Flüssigkeitsverlust leiden. Wenn derartiges Futter überhaupt angeboten wird, müssen die Schildkröten unbedingt jederzeit Zugang zu frischem Trinkwasser haben!

Art	Teile / Mio.
Akazie (Laub)	
Banane*	
Bohnen (rote & schwarze)*	
Chicoree	
Eiche (Laub)	
Granatapfel	17.000
Karotten / Karottenkraut	
Kiwi	
Luzerne	27.000
Rhabarber*	
Spinat*	
Walnuss	147.000

Tabelle 15:
Gerbstoffgehalt einiger Futterpflanzen (nach Highfield 2000)

Verdauungsprozess äußerst langsam arbeitet. Hahnenfuß wird über Jahre hinweg ohne offensichtliche Nachteile verzehrt, während schon einige wenige Narzissenblüten zum Tode führen können. Manchmal (etwa bei amerikanischen Dosenschildkröten und bestimmten Giftpilzen) liegt offenbar eine angeborene Immunität bzw. Resistenz vor.

Unglücklicherweise ist das Ausmaß der Giftigkeit nicht immer genau erforscht. Einige in der Tabelle 16 auf den Seiten 120–123 aufgeführte Pflanzen können in kleinen Mengen unbedenklich sein, wirken aber u.U. in höherer Dosierung giftig. Streichen Sie besser alle nur im geringsten verdächtigen Pflanzen von der Speisekarte!

4.2. Tierische Nahrung

Grundsätzliches – Ihr Anteil an der Diät schwankt sehr stark – je nach Ernährungsweise der betreffenden Art (Pflanzen-, Alles oder Fleischfresser), Lebensalter und/oder Jahreszeit. Wie bereits in Abschnitt 2.3. ausgeführt wurde, spiegelt er sich auch in der Ausbildung des Darmtraktes wieder.

Fleischfresser decken ihren Nährstoffbedarf vorwiegend durch Fette und Proteine, pflanzenfressende Arten hingegen durch lösliche Kohlenhydrate und Rohfaser. Allesfresser nehmen in der stärksten Wachstumsphase mehr Fette und Proteine als Kohlenhydrate und Fasern zu sich, während das Verhältnis bei erwachsenen Tieren häufig umgekehrt ist.

Lebende Futtertiere zwingen die Schildkröten zur aktiven Verfolgung und Überwältigung; da so der Bewegungsdrang gefördert wird und der Tageslauf eine willkommene Belebung erfährt, sind sie prinzipiell positiv zu bewerten. Allerdings gibt es Einschränkungen: Säuger (bei Schildkröten in der Regel Mäuse- oder Rattenbabys) sollten vorsorglich getötet werden – einerseits aus Tierschutzgründen, zum anderen, um Verletzungen der Terrarieninsassen durch größere wehrhafte Nager zu vermeiden. Vor allem Sumpf- und Wasserschildkröten werden am besten (besonders, wenn es sich um aggressive Arten handelt) separat gefüttert, um ihnen unwillkommene Folgen des Futterneides (Bissverletzungen) zu ersparen.

4.2.1. Würmer

Würmer (Regen- und Tauwürmer) gehören zum natürlichen Nahrungsspektrum von Sumpf- und Wasserschildkröten, werden aber auch von Landschildkröten aus feuchteren Habitaten gelegentlich bis regelmäßig gefressen. Sie enthalten etwa 60% Rohproteine und 5,5 & Rohfette (TS). Mit 0,76 % ist auch ihr Calciumgehalt verhältnismäßig hoch. Entsprechend ist ihr Anteil an der Diät zu dosieren.

Wenn man diese Tiere nicht selber züchten will, gelten für das Sammeln die gleichen Richtlinien wie bei Schnecken und Wiesenplankton (s.u.).

4.3.2. Schnecken

Nackt- und Gehäuseschnecken stehen regelmäßig auf dem Speiseplan von Schildkröten aus feuchteren Lebensräumen, werden aber auch von Schildkröten aus Trockengebieten zur Deckung des Kalkbedarfs gefressen. Akzeptanz ist jedoch nicht gleichbedeutend mit Verträglichkeit!

Auch hier gilt: Sammeln Sie die Tiere nicht in der

Abb. 29:
Terrapene ornata
frisst einen Tauwurm
Felix Hulbert

Nähe vielbefahrener Straßen oder auf Flächen, die durch Unkraut- oder Schädlingsbekämpfungsmittel belastet sind. Vorsicht ist auch bei Gärten geboten, in denen „Schneckenkörner" bzw. verwandte Produkte ausgebracht werden.

Wasserschnecken können (auch als Zwischenwirte) bestimmte Parasiten beherbergen und sollten deshalb besser gezüchtet werden (vgl. Abschnitt 4.3.6.).

4.2.3. Gliedertiere

Wegen ihrer Schnelligkeit spielen Gliedertiere (Insekten, Spinnen und Krebstiere) vor allem im Futterspektrum von behänden Arten (Sumpf und Wasserschildkröten) eine größere Rolle.

Insektenfresser erhalten über ihre gewohnte Nahrung in der Regel zu wenig Mineralstoffe (u.a. weil diese Gliedertiere kein Kalkskelett besitzen). In Freiheit wird dieses Defizit durch ein sehr breites Nahrungsspektrum und über die Nahrungskette ausgeglichen; auch die bewusste Aufnahme von Steinchen, Sandkörnern u.ä. spielt eine Rolle. Insekten sind in der Regel proteinreich, aber relativ arm an Calcium. Ein günstiges Calcium/Phosphor-Verhältnis findet sich lediglich beim Mehlkäfer, doch sind die absoluten Mengen äußerst gering. Ihr durchschnittlicher Nährstoffgehalt entspricht dem nebenstehenden Schema:

Im einzelnen können sich noch stärkere Abweichungen ergeben: so schwankt das Calcium/Phosphor-Verhältnis bei Mehlwürmern – je nach Fütterung – zwischen 1:3 und 6:7! (DENNERT 1997) Erhebliche Unterschiede bestehen auch zwischen den verschiedenen Insektengruppen und deren Larven:

Nährstoff	Anteil (%)
Proteine	44–69
Fette	2–62
Calcium	0,0–0,9
Phosphor	0,3–1,2

Tabelle 17: Nährstoffgehalt (TS) von Insekten (nach DENNERT 1997)

Gruppe	Rohproteingehalt	Rohfettgehalt
Fliegenmaden*	60 % (TS)	?
Heuschrecken	68,5–73,1 % (TS)	?
Käfer (auch Larven)	48,5–67,3 % (TS)	?
Raupen	28,1–37,4 & (TS)	53,3–66,6

Tabelle 18: Rohproteingehalt (TS) von Insekten (nach DENNERT 1997)

Vergleichbar ist der Calciumgehalt von „Mehlwürmern" (Larven des Schwarzkäfers *Tenebrio molitor*): er beträgt 0,01 % (TS), bei männlichen Grillen jedoch 0,56 % (zum Vergleich: Tauwürmer bringen es sogar auf 0,76 %). Der Phosphorgehalt schwankt zwischen 0,06 % (TS) bei Mehlwürmern und 0,96 % bei Heimchen.

Der Nährwert von Gliedertieren lässt sich prinzipiell durch gezielte Fütterung (bspw. Trockenfutter für Katzen und Hunde) steigern: dies muss allerdings wenigstens 48 Stunden lang geschehen; im Übrigen sind diese Produkte als Aufzuchtfutter ungeeignet! Calciumreiches Futter (8–12 % der Trockenmasse) erhöht bspw. den Calciumgehalt der Heimchen von 0,3 auf 1,4 %. Sogar bei Mehlwürmern lässt sich so ein Calcium/Phosphor-Verhältnis von 0,84:0,61 erreichen.

Falls Mineralstoffpräparate zum Einstäuben verwendet werden, sollte man eine Überdosierung (v.a. von fettlöslichen Vitaminen) vermeiden!

Bei Wiesenplankton entfällt das Risiko der Einseitigkeit; es ist allerdings nur saisonal verfügbar und sollte nicht in der Nähe von Verkehrswegen oder kontaminierten Flächen sowie unter Beachtung des Naturschutzes gesammelt werden: dies betrifft neben zahlreichen Insekten auch die Weinbergschnecke.

Derartige Bedenken erübrigen sich bei handelsüblichen Futterinsekten, doch schlagen diese finanziell stärker zu Buche. Bei kritischer Durchsicht der verfügbaren Angebote lassen sich jedoch unnötige Mehrausgaben vermeiden.

4.2.4. Fisch

Obwohl sich mehrere Terrarianer (REID 1982; ENGBERG 1980) zu seinen Gunsten ausgesprochen haben, ist roher Fisch für Landschildkröten völlig ungeeignet, da er große Mengen von Eiweißen und das Enzym Thiaminase enthält, welches die Synthese und Aufnahme von B-Vitaminen verhindert.

Für Sumpf- und Wasserschildkröten gelten diese Bedenken nicht; aber es empfiehlt sich, die Fische von einer unbedenklichen Quelle (Fischzuchtbetrieb) zu beziehen, um keine Parasiten oder Krankheitserreger einzuschleppen. Aus naheliegenden Gründen wird man seinen Tieren auch bevorzugt Süßwasserarten vorsetzen.

Abb. 30:
Insekten sollten bei
Dosenschildkröten
einen wesentlichen
Bestandteil der
Nahrung bilden.
FELIX HULBERT

Abb. 31:
Terrapene ornata
frisst eine *Zophobas*-
Larve
FELIX HULBERT

Abb. 32:
Geierschildkröten
akzeptieren in
Gefangenschaft
auch tote Futtertiere.
FELIX HULBERT

Abb. 33:
Macroclemys temminckii
frisst Tintenfisch
FELIX HULBERT

4.2.5. Säugetiere

Vollständige Tierkörper sind durchweg hochwertige Quellen von Proteinen, Mineralien, Vitaminen und Spurenelementen. Wegen ihres hohen Fettanteils (teils über 50 %) scheiden sie jedoch für viele Alles- und erst recht Pflanzenfresser als Futter aus. Alte Tiere sind oft fett- und proteinarm.

Mäuse- oder Rattenbabys enthalten relativ wenig Calcium und Vitamin A; aus Tierschutzgründen und mit Rücksicht auf die Verletzungsgefahr durch größere, wehrhafte Nager für die Terrarientiere sollten sie prinzipiell nur tot verfüttert werden (zumal sich ihr Nährwert durch Konservierung (Einfrieren) nicht nennenswert verringert).

4.2.6. Futterzuchten

Hier gilt das Gleiche wie bei Pflanzenkulturen: selbstgezüchtete Tiere ermöglichen eine umfassende Kontrolle von Zuchtbedingungen und Futterzufuhr.

Umfassende Zuchtanleitungen finden sich u.a. in dem bewährten Buch von U. FRIEDERICH und W. VOLLAND „Futtertierzucht", 3. Auflage Stuttgart (Verlag Eugen Ulmer) 1998.

Für Schildkröten bieten sich in erster Linie Würmer und Schnecken an; erstere sind bei Alles- und Fleischfressern beliebt, während letztere (besonders Gehäuseschnecken) auch für Pflanzenfresser eine wichtige Rolle spielen. Wasserschnecken lassen sich ganzjährig in Aquarien züchten. Vorsicht: Wildfänge aus heimischen Gewässern können verschiedene Parasiten beherbergen! Als Alternative zu den heimischen Gehäuseschnecken (die nur zwischen Frühjahr und Herbst aktiv sind und aus Naturschutzgründen geschont werden sollten) bietet sich die stattliche, recht produktive Achatschnecke (*Achatina achatina*) aus dem tropischen Afrika an.

4.2.7. Fertigprodukte

Die handelsüblichen Allein- und Mischfutter zeichnen sich in der Regel durch eine wenig befriedigende Etikettierung aus, deren Aussage sich zudem häufig nicht mit den Ergebnissen unabhängiger Analysen deckt (bisweilen lässt sich der Unterschied sogar mit bloßem Auge feststellen; DENNERT 1997). Unabhängig davon ist ihr Nähr-

---

An Fertigfutter, das für Schildkröten in Frage kommt gibt es generell: Forellenpellets (fleischliche Basis), Karpfenpellets (pflanzliche Basis) Koipellets (pflanzliche Basis, extrem hochwertig) empfehlenswert vor allem die Produktpalette der Firma Vitakraft für Kois.

Empfehlenswert auch Pellets für Wassergeflügel auf Fischbasis (mit Zusätzen von Meersalzen) z.B.: „Lundi" Hof Bremehr GmbH & Co. KG Schmiedestrang 33 D-33415 Verl Tel 05246/3941 Fax 05246/7621

wert sehr unterschiedlich: das Calcium/Phosphor-Verhältnis schwankt beispielsweise zwischen 1,1:1 und 7,9:1 – und das bei einem Calciumgehalt von 0,06 bis 5,83 % .

Im Einzelfall lieferte die Analyse von 19 handelsüblichen Futtermischungen für Wasserschildkröten die folgenden Resultate:

Rohproteingehalt	33,8–77,4%	Ø etwa 50,0 %
Rohfettanteil	3,76–12,0 %	Ø etwa 7,0 %
Rohfasergehalt	1,25–9,51 %	Ø etwa 5,38 %
Ca/P-Verhältnis	bis zu 8,3 : 1	
		[Ø Ca-Gehalt: 4 % (TS)]

Tabelle 19a: Zum Nährstoffgehalt handelsüblicher Fertigfuttermischungen (Quelle: DENNERT 1997).

Futtermischungen auf Flohkrebsbasis wiesen folgende Schwankungsbreiten auf:

Proteingehalt:	0,68–1,16 % (TS)	Ø 0,92 % (TS)
Rohfettanteil:	5,67–14,0 % (TS)	Ø 9,83 % (TS)
Calciumgehalt:	5,1–8,38 % (TS)	Ø 6,74 % (TS)
Ca/P-Verhältnis	5,10 – 8,38 : 1	Ø 6,74 : 1

Tabelle 19/b: Zusammensetzung von Fertigfuttermischungen auf Flohkrebsbasis (Quelle: DENNERT 1997).

Die genauere Zusammensetzung einiger bekannter Fertigfuttersorten wird in Tabelle 11 (Abschnitt 4.1.3.1.) aufgeschlüsselt.

4.3. „Schildkrötenpudding"

Wer aus beruflichen Gründen nicht immer Zeit genug hat, seinen Schildkröten ein hochwertiges Menü frisch zuzubereiten, kann ihnen als Alternative ein Fertigfutter anbieten, den sogenannten „Schildkrötenpudding" nach PAULER u.a. Die genaue Zusammensetzung kann man je nach den Bedürfnissen der gepflegten Art(en) variieren; für europäische Landschildkröten lässt sich folgende Rezeptur anwenden:

Extrem gut sind auch die Teilsticks der Firma Interquell-Stärkechemie GmbH Tiernahrung in 86517 Wehringen (0 82 34) 96 22 - 0

19 handelsübliche Futtermischungen = Agil®, Aquatic Turtle Diet, Aquatic Turtle Food, Baby-WSK-Futter, Energil®, Gammarus, Mealy Worms, ProBaby, raffy®, Reptilien Insect-Mix, Reptilien-Pellets, Reptomin®, Schildkrötenpellets, Schildkröten-Delikat, SK-SticksTortil®, Turtle®Mixed, Turtle®Pellets, Zierfisch-Schwimmtabs, Zierfisch-Tabs (nach DENNERT 1997).

Kritisch anzumerken ist in diesem Zusammenhang, dass dieses Rezept – von dem verschiedene in der Substanz ähnliche Abwandlungen existieren – infolge der Hackfleisch- und Gelatine-Komponenten einen (wenigstens für Pflanzenfresser) nach unserem Dafürhalten zu hohen Proteingehalt aufweist.

Abb. 34 + 35:
Pelusios spec. beim Verzehr eines (aufgetauten) Stints. Felix Hulbert

80% Wildkräuter (Klee, Löwenzahn, Wegerich u.ä.), Küchenkräuter, Gemüse (Möhren, Tomaten) und/oder entkerntes Obst (Letzteres eher sparsam) werden mit 20 % magerem Hackfleisch oder Garnelenschrot in einem geeigneten Küchengerät zu feinem Brei püriert und anschließend mit einem der mehrfach erwähnten Vitamin-

Abb. 36–38:
Kinixys belliana nogueyi beim Verzehr eines (frisch abgetöteten) Mäusebabys.
FELIX HULBERT

präparate angereichert. Das Ganze wird mit nach Anleitung angerührter Gelatine vermengt und in kleinen
Portionen eingefroren. Bei –18 °C lässt sich dieser „Pud-
ding" mehrere Wochen lagern (nach MÜLLER & SCHMIDT
1995). Im Folgenden finden Sie zwei weitere bekannte
Rezepturen:

Aspikfutter für Schildkröten, große Fische etc.

(ASPIK-Rezept,
Zoo Frankfurt,
von R. Wicker)

Als Grundmaterialien kann man 20 % Fisch, 30 % Herz,
15 % Tintenfisch, 10 % Leber, 10 % Karotten, Äpfel oder
ähnliches Obst, 10% ungeschälten Reis oder Maisgries –
am besten gekocht – nehmen. Natürlich kann man die
Anteile entsprechend variieren je nachdem, ob man Tiere
hat, die sich mehr carnivor oder mehr omnivor ernähren.

Folgende Zusätze (jeweils
auf 10 Liter bezogen)
sind wichtig für die
Vitamin- und
Mineralversorgung:
2–3 Eßl. des Vitamin-
Mineral-Gemisches
DAVINOVA (Parke
Davis)
8–10 kleingemahlene
SUPRADYN-Kapseln
(Vitamine außer D)
15 ml Vitamin D3-
Präparat: D-Mulsin
1/4 bis 1/2 Teel. CANTHA-
XANTHIN (roter
Krebsfarbstoff)

Die restlichen 5 % bestehen aus der Aspik-Gelatine.
Man muss auf jeden Fall qualitativ hochwertige Aspikgelatine nehmen, da minderwertige Gelatine das Futter
nicht richtig hart macht, so dass es im warmen Wasser
zerfällt. Von der Gelatine rechnet man 0,6 Liter pro 10
Liter Futter. Hinzufügen kann man noch rohe Eier.

Das Futter wird folgendermaßen zubereitet:

Alle Grundmaterialien werden möglichst fein gemah-
len (entweder mit einer Küchenmaschine, einer Mouli-
nette oder einem anderen Zerkleinerer; Fleischwölfe sind
oft auch mit der feinsten Scheibe zu grob). Das Ganze
wird gut durchmischt, die rohen Eier zugefügt und auf
ca. 60 °Celsius erhitzt. Man sollte nur so viel Wasser zu-
fügen, dass ein dünner Brei entsteht, den man jedoch
rühren muss, damit er nicht anbrennt. Sind die 60 °C
erreicht, wird langsam die Aspikgelatine darunterge-
rührt, damit sie sich richtig löst und verteilt. Danach
kann man DAVINOVA und CANTHAXANTHIN zuge-
ben und beim Abkühlen zum Schluss das SUPRADYN
und D₃-Präparat. Das Ganze muss noch einmal sehr gut
gerührt werden, um die Materialien gleichmäßig zu verteilen. Dann wird es in flache Schalen ausgegossen, die
möglichst schnell erkalten sollten. Je schneller das
Gelatinefutter abkühlt, um so besser scheint es zu werden. Gefahr, dass das Futter anfängt zu gären, besteht
dann, wenn es sehr warm oder ein Gewitter im Anzug
ist. Nach dem Erkalten kann das Futter portioniert und
eingefroren werden und ist so in entsprechenden
Portionen bei Bedarf verfügbar.

Achtung:
An uricotele
Spezies (alle pflanzenfres-
senden
Landschildkröten)
sollte kein
Schildkrötenpudding
verfüttert werden!
Andernfalls ist mit Gicht
zu rechnen!

Gelatinefutterpudding für Wasserschildkröten
Benötigte Zutaten für ca. 12 Liter:

Rezept von
B. ARTNER (1998)

- 20 Dreierpackungen Oetker Speisegelatine in Pulverform
- 1,5 kg frische Forellen (am besten nicht ausgenommen) vom Fischhändler
- 0,72 kg (Abtropfgew.) Dosenshrimps Naturell (z.B. 6 Stück à 120 g von John West; auf keinen Fall in Öl eingelegte!)
- 540 g Muscheln Naturell (z.B. 6 Dosen zu je 90 g der Firma Schenkel)
- 1,5 kg fettarmes Rindschnitzelfleisch
- 6 Eier
- 1,5 Liter Milch
- 9 Gläser HIPP-Babynahrung (je 3 Gläser Frühkarotten, Gartengemüse und Spinat)
- 300 g Kaninchen- oder Hühnerleber
- 3 gestrichene Eßlöffel Kormivin ZVT (derzeit nur in Deutschland erhältlich)
- 2 Säckchen erdbeerrote Lebensmittelfarbe »Sissi« der Firma Schimek (Apotheke!)
- 2,5 Liter Wasser
- Portionstassen aus Alu (z.B. je 8 Tassen zu 1 Liter und 0,5 Liter Fassungsvermögen)

Zubereitung:
Sämtliche 60 Säckchen Gelatine öffnen und deren Inhalt in einen mindestens 12 Liter (!) fassenden Topf schütten. Etwa 2,2 Liter kaltes Leitungswasser unter ständigem Umrühren über das Gelatinepulver schütten. Etwa 20 Minuten quellen lassen.

Shrimps und Muscheln den Dosen entnehmen und unter fließendem Wasser (am besten in einem Küchensieb) waschen.

Forellen, Rindfleisch, Leber, Shrimps und Muscheln im Fleischwolf faschieren und in einen großen Topf von etwa 10 Liter Fassungsvermögen geben und gut verrühren.

Der Inhalt der 9 Hipp-Gläser wird in den Speisebrei eingerührt, danach kommen Milch und Eier hinzu. Schließlich werden 3 gestrichene Eßlöffel Vitaminpulver (Kormivin ZVT) eingerührt.

In diesen Brei wird nun die in ca. 0,3 Liter heißem Leitungswasser aufgelöste rote Lebensmittelfarbe einge-

Abb. 39 + 40:
Zutaten für Aspikfutter
und fertiges Aspikfutter.
Felix Hulbert

rührt. Wirklich gut umrühren, um die Ingredienzien möglichst gleichmäßig zu verteilen.

Beide Töpfe werden nach Ablauf der 20 Minuten (s. Punkt 1)gleichzeitig unter ständigem Umrühren (!) auf dem Herd erhitzt. Ab hier ist die Mitarbeit einer zweiten Person unerlässlich. Die Gelatine muss sich vollständig verflüssigen. Es ist darauf zu achten, dass der Inhalt beider Töpfe vor dem Zusammenleeren eine Temperatur von etwa 40 °C aufweist. Zu diesem Zweck ist der Topf mit der Gelatine u.U. abzukühlen, indem er vorübergehend in kaltes Wasser gestellt wird (auch hierbei umrühren!). Der Speisebrei wird in den Topf mit der flüssigen Gelatine geleert. Danach einige Minuten kräftig umrühren! Der Brei wird nun portionsweise in die dafür vorgesehenen Alubehälter abgefüllt. Diese werden sofort für 6–8 Stunden in den auf höchste Stufe eingestellten Kühlschrank verbracht.

Nach Festwerden des Futters (dauert einige Stunden) werden die Behälter in die Gefriertruhe überführt.

Jeweils am Tag vor einer vorgesehenen Fütterung wird die benötigte Menge Gelatinefutter vom Gefrierfach zum Auftauen in den Kühlschrank rücküberführt. Am Tage der Fütterung wird das Futter in Würfel entsprechender Größe geschnitten und verfüttert. Gefüttert wer-

den sollte jeweils soviel, wie von den jeweiligen Becken-insassen innerhalb von fünf bis zehn Minuten gefressen wird. Durch die enorm gute Bindung der Gelatine (Versuche mit anderen [Billig-] Gelatinesorten schlugen bei anderen Liebhabern bereits mehrmals fehl) verschmutzt das Wasser in den Schildkrötenbecken bei der Fütterung extrem wenig. Die rote Lebensmittelfarbe lockt auch sonst scheue Tiere aus ihren Verstecken hervor. Durch den hohen Vitamin- und Spurenelementengehalt der Mischung wachsen und gedeihen die Schildkröten ganz prächtig. Auch Eier und Embryonen erhalten somit genügend Nährstoffe.

Abb. 41:
Futterschüssel mit Mischung aus Aspikfutter, Schaben, Kräuter und Obst.
FELIX HULBERT

5. Zum Einfluss von Umweltfaktoren und Futterqualität auf das Fressverhalten

5.1. Futterfrequenz, Futterqualität und Wachstum

Sofern die Zusammensetzung des Futters stabil bleibt, nimmt eine Schildkröte, die nach Belieben frisst, auch mehr Proteine und Kohlenhydrate zu sich als eine, die sparsamer gefüttert wird. Trockene Pellets für Hunde und Katzen sind besonders problematisch, da sie relativ viele Proteine (im Schnitt etwa 20%) enthalten und das Darmvolumen hier nicht so effektiv als „Bremse" wirken kann wie bei proteinarmem Futter (das mehr Platz beansprucht). Landschildkröten fressen bedenkenlos große Mengen dieser hochkonzentrierten Nahrung, als ob es sich es sich um natürliche (und entsprechend nährstoffärmere) handle. So kommt es zu einer massiven Steigerung der Proteinaufnahme, die wiederum zu erhöhter Harnsäuresalzproduktion und abnorm beschleunigtem Wachstum führt.

Dabei ist es völlig normal, dass sich Nachzucht-Geschwister unterschiedlich schnell entwickeln. Sie bilden in der Regel stark abweichende Ernährungsgewohnheiten aus (meist als Folge von Hierarchien und Konkurrenz oder von Temperaturgefällen innerhalb des Terrariums bzw. Geheges). Die Qualität des Futters und die Menge des verfügbaren Proteins beeinflussen die Wachstumsraten ebenfalls sehr stark (HIGHFIELD 1990, 1996).

5.2. Umgebungsfeuchtigkeit und Trinkbedürfnis

Ein wichtiger Umweltfaktor ist der Zugang zu Wasser und Feuchtigkeit. Wenn viel Protein konsumiert wird (und die Wachstumsrate sich entsprechend beschleunigt), kommt es zwangsläufig zu einem Anstieg des Harnsäurespiegels im Blutplasma. Infolgedessen werden deutlich mehr Harnsäuresalze produziert, zu deren Ausscheidung die Tiere verstärkt trinken müssen. Jeder Flüssigkeitsverlust stellt gerade für Schildkröten ein ernstzunehmendes Risiko dar!

Frisches Trinkwasser muss also stets reichlich verfügbar sein, damit die Nieren die Abfallprodukte des Stickstoff-Stoffwechsels problemlos herausfiltern können. In wüstenhaft-trockenen Lebensräumen wird dies bspw. durch heftige sommerliche Wolkenbrüche ermöglicht.

Der Wasserbedarf steigt mit der Futtermenge und in direkter Beziehung zum Protein- und Puringehalt der Nahrung. Werden die Tiere also proteinreich gefüttert, müssen sie unbedingt auch genug zu trinken haben.

Ob und wie viel Landschildkröten trinken, hängt von ihrer geographischen Herkunft ab: Während Wüsten- und Steppenbewohner ihren Flüssigkeitsbedarf normalerweise hauptsächlich über ihre Nahrung – zu einem Teil auch über den Morgentau – decken, trinken Tiere aus feuchteren Lebensräumen regelmäßig aus Pfützen oder flachen Teichen, in welchen sie auch gerne ein Schlammbad nehmen. Dies kommt jedoch auch bei den Erstgenannten vor, wenn in ihrer Heimat hin und wieder starke Wolkenbrüche niedergehen. Bei solchen Gelegenheiten trinken alle Landschildkröten ausgiebig in tiefen Zügen.

Viele Arten aus trockenen Lebensräumen haben sich zum Schutz vor Flüssigkeitsverlust dadurch an ihre wasserarmen Lebensräume angepasst, dass sie anstelle flüssigen Urins kristallin-kreidige Harnsäuresalze (Urate) ausscheiden. Andere kann man leicht zum Ausscheiden von Urin animieren, indem man sie in eine seichte Pfütze setzt oder überbraust (um Regen zu simulieren). So verringert sich die Wahrscheinlichkeit von Blasensteinen und Nierenversagen beträchtlich – noch besser ist es allerdings, wenn man sie artgerecht und kontrolliert ernährt und dafür sorgt, dass Trinkwasserversorgung und Mikroklima auf den Proteinkonsum abgestimmt werden.

Reptilien aus Trockengebieten „recyceln" häufig ihren Blaseninhalt; dabei können durchaus auch bestimmte Stickstoffprodukte erneut resorbiert werden (vgl. SPENGLER 1999). Wasser enthält u.U. sehr niedrige Konzentrationen (30–100 mg/l) an Calcium, so dass sich das Trinkverhalten in geringem Ausmaß auf den Calciumhaushalt auswirkt. Wassermangel führt jedenfalls nach einiger Zeit zur Einstellung der Nahrungsaufnahme und zur Verlangsamung der Darmtätigkeit (vgl. Tabelle 20).

Umfunktionierte Aquarien sind als Behelfsterrarien für Landschildkröten nur bedingt geeignet. Oben offene Zimmer- und erst recht Außenterrarien stellen eine viel bessere Alternative dar. Ein artgerechtes Mikroklima spielt eine wichtige Rolle bei der Vorbeugung gegen

Die Harnblase übernimmt die Funktion eines Wasserspeichers.

Abb. 42:
Der Speisezettel von Stutzgelenkschildkröten sollte neben pflanzlichen Bestandteilen ebenso einen nicht unerheblichen Anteil an tierischer Nahrung aufweisen.
FELIX HULBERT

Abb. 43:
Kinixys homeana beim Fressen aus der Futterschüssel.
FELIX HULBERT

Abb. 44:
Eine Schmuck-
dosenschildkröte
(Terrapene ornata)
beim Fressen der
Futtermischung.
FELIX HULBERT

Abb. 45:
Kinixys homeana
frisst Aspikfutter.
FELIX HULBERT

Spezies	Habitattyp	Harnsäure	Ammoniak	Harnstoff
Chelonoidis denticulata	Feuchtwälder	6,7	6,0	29,1
Emys orbicularis	amphibisch	2,5	14,4	47,1
Geochelone elegans	Halbtrockene Regionen	56,1	6,2	8,5
Kinixys belliana	Trockene Regionen	5,5	6,0	44,0
Kinixys erosa	Feuchtwald	4,2	6,1	61,0
Kinosternon subrubrum	Wasser	0,7	24,0	22,9
Pelusios spp.	Wasser	4,5	18,5	24,4
Testudo graeca	Halbtrockene Regionen	51,9	4,1	22,0

Tabelle 20: Prozentuale Zusammensetzung der Ausscheidungsprodukte von Schildkröten aus verschiedenen Lebensräumen (nach HIGHFIELD 2000)

Flüssigkeitsverlust, reicht aber allein nicht aus, um die Ablagerung und Konzentration von Harnsäuresalzen (die zu Gicht führt) zu verhindern.

Dem muss man durch reichliches Tränken und eine proteinarme Ernährung vorbeugen.

5.3. Die Rolle der Temperatur

Von allen Umweltfaktoren wirkt sich die Temperatur am stärksten auf Nahrungsaufnahme und Wachstum aus. Höhere Wärmegrade fördern bei allen Reptilien Appetit und Aktivität und führen bei verstärktem Proteinkonsum zur Beschleunigung des Wachstums.

Überdies lassen sie den von Darmmikroben getragenen Fermentationsprozess viel rascher und wirksamer ablaufen: Zuckerverbindungen werden nun vom Darm wesentlich besser aufgenommen und bestimmte Kohlenhydrate effektiver aufgespalten. Dadurch passiert die Nahrung den Darm in viel kürzerer Zeit.

Vermutlich setzen viele Echsen- und Schildkrötenarten als Jungtiere die Thermoregulation aktiv zur Beschleunigung des Fermentierungsprozesses ein; wie alle Reptilien neigen solche Tiere verstärkt dazu, nur bei höheren Temperaturen zu fressen. Dabei steigt auch der Bedarf an Calcium und anderen Mineralien. Falls diese nicht ausreichend zur Verfügung stehen, kommt es zu Knochenerweichung und unübersehbaren Panzerdeformationen.

5.3. Sonnenlicht und UV-Strahlung

Wie bereits erwähnt, sorgt die natürliche Sonnenstrahlung (ersatzweise auch Lichtquellen mit einem entsprechenden UV-Anteil) für die Produktion des lebenswichtigen Vitamins D. Bewährt haben sich Leuchtstoffröhren der Typen True-Lite, Zoomed 2.0–5.0 oder Strahler wie Osram UltraVitaLux (300 W); da die Letztgenannten sehr starke Hitze produzieren, sind zu ihrer Installation unbedingt Porzellanfassungen erforderlich! Solche Bestrahlungen können täglich aus etwa 1 m Abstand durchgeführt werden, wobei die Dauer allmählich von 5 auf 20 Minuten zu steigern ist.

Eine hohe Luxzahl und entsprechende UVA-Anteile regulieren über die Zirbeldrüse unter anderem auch Aktivitätsgrad und Nahrungsaufnahme der Schildkröten. Ist es hingegen warm und dunkel, werden die Tiere nicht fressen.

Schildkröten aus den gemäßigten Zonen sollten solange wie möglich in Freianlagen gepflegt werden; dies kann etwa zwischen Mitte Mai und Ende September geschehen (d.h. solange keine Nachtfröste zu befürchten sind). Allerdings darf man auch subtropischen und tropischen Arten eine „Sommerfrische" gönnen, wenn sie sich bei schlechtem Wetter in eine beheizbare Schutzhütte o.ä. zurückziehen können.

5.4 Aktivitäts- und Ruhephasen

Je nach ihrer geographischen Herkunft sind Schildkröten unterschiedlich lange aktiv. Selbst tropische Arten (v.a. solche aus laubabwerfenden Trockenwäldern, Savannen und Wüsten) legen während der ungünstigen Jahreszeiten oft eine mehr oder minder lange Sommerruhe ein. Das kommt auch bei Tieren aus der Übergangszone zu den gemäßigten Breiten vor: bekannte Beispiele sind die Vierzehenlandschildkröte (*Testudo [Agrionemys] horsfieldii*), die Gopherschildkröten (*Gopherus* spp.) und einige *Geochelone*-Arten.

Ihre „innere Uhr" veranlasst vor allem Wüsten- und Steppenarten, zu den fraglichen Jahreszeiten unabhängig von der Wetterlage – die sich in unseren Breiten ganz anders gestaltet als in ihrer Heimat – eine Sommerruhe einzulegen oder nur noch welkes Futter zu fressen, obwohl saftig-frische Nahrung im Überfluss verfügbar ist.

Abb. 46:
Testudo h. hermanni
WALTER & MONIKA
MATZANKE

Bei europäischen bzw. mediterranen Schildkröten finden sich keine direkt vergleichbaren Phänomene; hingegen machen diese Reptilien eine Winterruhe durch, während der sie nur von ihren Reserven zehren. Die Tiere müssen deshalb gut genährt, aber nicht fett, in den Winterschlaf gehen und sollten vorher ihre Gedärme entleeren (vgl. die Anmerkungen zur Darmpassage in Abschnitt 2.2.); dazu stellt man rechtzeitig die Fütterung ein, denn Maßnahmen wie warme Bäder u.ä. sind wegen der damit verbundenen Erkältungsgefahr umstritten. Zudem wirken diese Bäder sich negativ auf die gastrointestinale Flora aus. Abraten muss man auch von „vorbeugenden" Vitamininjektionen.

Nach der Winterruhe müssen die Tiere die erschöpften Reserven wieder auffüllen; dabei kommt ihnen zustatten, dass ihre natürliche Nahrung im Frühjahr wesentlich reicher an Proteinen, Fetten und anderen jetzt zu ergänzenden Nährstoffen ist. Vor allem Weibchen brauchen vor, während und nach der Paarungszeit verstärkt Mineralstoffe, um das zur Eierschalenbildung aus dem Skelett entnommene Calcium wieder einlagern zu können.

6. Die Ernährungsgewohnheiten der Schildkröten

6.1. Das Trinkbedürfnis

All zu viele Schildkrötenhalter sind der Ansicht, dass ihre Pfleglinge – vor allem wenn die betreffende Art aus Trockengebieten stammt – über ihr Futter genug Flüssigkeit erhalten und deshalb nur gelegentlich zu trinken brauchen. Das trifft nicht zu!

Wie alle höheren Lebewesen benötigen Schildkröten zum reibungslosen Ablauf ihrer Körperfunktionen Wasser; der konkrete Bedarf hängt u.a. von der Umgebungswärme und der Art des Futters ab; je nach Lebensraum und Gelegenheit nehmen die Tiere das lebenswichtige Element vorwiegend direkt (d.h. durch Trinken) oder über ihre Nahrung zu sich: selbst Wüstenschildkröten trinken nach den seltenen Regenfällen gierig aus Pfützen. Beim morgendlichen Weiden wird überdies Tau aufgenommen.

Sumpf- und Wasserschildkröten haben die geringsten Probleme – sofern ihre Wohngewässer nicht austrocknen (dann graben sich die betroffenen Arten notfalls im noch weichen Schlamm ein, wo sie bei stark herabgesetztem Stoffwechsel die Zeit bis zu den nächsten reichlichen Regengüssen überstehen). Da sie ihr Trinkwasser direkt aus dem Wasserteil beziehen, muss man dafür sorgen, dass dieser nicht zu stark durch Futtereste und Exkremente verschmutzt wird: kräftige Umwälzpumpen (mit biologischem Filter) sind überaus hilfreich, doch regelmäßige (Teil-)Wasserwechsel bleiben trotzdem unerlässlich.

Wegen ihrer relativ unbeweglichen Zunge können Landschildkröten Oberflächenwasser am leichtesten aus verhältnismäßig tiefen Pfützen oder Schalen trinken, da sie nur eingeschränkt in der Lage sind, Wassertropfen gezielt aufzulecken. Diese Eigenheit ermöglich es uns, ihnen wasserlösliche Vitamin- und Mineralpräparate zuzuführen. Da die Tiere jedoch in größeren Wasserschalen gern baden bzw. dort ihre Exkremente absetzen, muss der Inhalt der Trinkgefässe peinlichst überwacht und erneuert werden. Vorbeugende Hygiene ist auch hier oberstes Gebot! Bedenken sollte man auch, dass die relative Luftfeuchtigkeit in geschlossenen Zimmerterrarien durch große Wassergefäße bzw. -becken beeinflusst werden kann!

Weil der Körper durch Atmung und Ausscheidungen täglich ein bestimmtes Quantum an Flüssigkeit verliert, muss diese Einbuße regelmäßig ausgeglichen werden. Allerdings bildet die Haut vieler Reptilien (besonders bei wüstenbewohnenden Arten) einen nahezu perfekten Verdunstungsschutz. Das Ausmaß des Flüssigkeitsverlusts hängt im Übrigen von Körpergröße, der Aktivität und bestimmten Klimafaktoren (v.a. Wärme und Feuchtigkeit) ab. Auch Schildkröten haben in diesem Zusammenhang wirksame Schutzmechanismen entwickelt (vgl. Abschnitt 3.1.3.).

Besonders wichtig ist eine ausreichende Versorgung mit Trinkwasser bzw. saftigem Futter für den Stickstoff-Stoffwechsel: seine Endprodukte werden in der Regel zu Harnsäuresalzen umgewandelt. Bei den pflanzenfressenden Schildkröten bleibt der Harnsäurespiegel des Blutplasmas nach stickstoffreicher Fütterung noch lange erhöht – was sich bei Wassermangel bzw. bei bereits eingetretenem Flüssigkeitsverlust erheblich verschärft: Nun wird auch die Leistungsfähigkeit der Nieren stark eingeschränkt. Nierenschädigende Medikamente, Antibiotika und pflanzliche Giftstoffe (Toxine) können sich ähnlich auswirken. Sobald dies der Fall ist, werden die (unlöslichen) Harnsäuresalze in den Gelenken sowie im übrigen Körpergewebe abgelagert, wo sie früher oder später zu Gelenk- oder Eingeweidegicht führen: auch dem kann man durch eine ausreichende Versorgung mit frischem, sauberem Trinkwasser vorbeugen.

6.2. Landschildkröten

Wie eingangs erwähnt, sind etwa 75% der rezenten Landschildkrötenarten ganz oder überwiegend Pflanzenfresser. Ihre Terrarienkost sollte nach HIGHFIELD (2000) fett- und proteinarm (je nach Futtersorte 1–5%, maximal 7 %) sein. Es empfiehlt sich daher, Futtersorten mit „Spitzenwerten" höchstens viermal im Monat zu reichen. Um so höher ist der Rohfaseranteil zu bemessen.

Eine genaue Untersuchung des Nahrungsspektrums freilebender pflanzenfressender Schildkröten zeigt sehr schnell, dass die Tiere ihre speziellen Bedürfnisse im Terrarium nicht ohne Weiteres decken können. „Supermarktprodukte" werden den überaus spezifischen Ansprüchen dieser Reptilien kaum gerecht – wobei sich regenwaldbewohnende „Opportunisten" (Allesfresser) im Allgemeinen leichter zufrieden stellen lassen als Arten aus Trockengebieten und Savannen.

Am besten richtet man solchen Schildkröten eine möglichst „naturnahe" Weide ein, die ihren individuellen Nahrungs- und Umweltansprüchen entgegen kommt. Der Anbau bzw. die Beschaffung geeigneter Futterpflanzen spielen eine zentrale Rolle, wenn die Tiere langfristig gesund bleiben und über mehrere Generation erfolgreich nachgezogen werden sollen. Die Umgebungstemperatur ist so zu steuern, dass die Aktivitätszyklen (sprich: die Zahl der „Futtertage") annähernd den natürlichen Verhältnissen entsprechen – gegebenenfalls durch Einschalten von Winter- und Sommerruhephasen. Dem Aufbau der Freigehege und Habitate muss man ebenso viel Aufmerksamkeit schenken wie der Schaffung geeigneter Mikroklimate.

6.2.1. Mediterrane Landschildkröten

Das Verdauungssystem von Landschildkröten ist hervorragend an die jeweiligen Umweltbedingungen angepasst – dies hat allerdings zur Folge, dass die Tiere nur schwer mit stark abweichenden Verhältnissen zurecht kommen.

Alle mediterranen Arten (d.h. Vertreter der Gattung *Testudo*) sind sogenannte Opportunisten: neben Pflanzen – die durchweg den Hauptteil der Nahrung ausmachen – werden alle verfügbaren Ressourcen (sogar Kot) gefressen (Letzteren sollte man allerdings nicht unbedingt anbieten). Fleisch – in freier Natur vorwiegend Aas, aber auch Würmer sowie Nackt- und Gehäuseschnecken – und Früchte sind ebenfalls Bestandteile des natürlichen Nahrungsspektrums; sie sollten jedoch grundsätzlich nicht zu oft bzw. zu reichlich verfüttert werden. Auch hier gilt: Akzeptanz ist nicht gleichbedeutend mit echter Bedarfsdeckung oder Verträglichkeit – ein Übermaß an Proteinen führt zu Nierenschäden oder sogar -versagen! Über die Auswirkungen auf das Verdauungssystem wurde bereits ausführlich gesprochen (vgl. Abschnitt 2.). Ähnlich verheerende (Langzeit-)Wirkungen sind bei kohlenhydratreichen Teigwaren oder sonstigen Getreideprodukten (Gebäck, Müsli etc.) zu erwarten.

Bieten Sie daher als Hauptfutter tunlichst Wildkräuter (Ackerwinde, Klee, Labkraut, Löwenzahn, Spitzwege-

Abb. 47:
Astrochelys radiata
beriecht die
Kräutermischung
FELIX HULBERT

Abb. 48:
Heckenrose
FRANK FORMAN

rich, Wicken, Wiesenknopf etc.; vgl. Tabelle 10) an, die allerdings von unbedenklichen Standorten stammen sollten (nicht in der Nähe vielbefahrener Straßen oder mit Pestiziden bzw. Kunstdünger behandelter Ackerflächen bzw. Kulturen ernten!). Ersatzweise kann vorübergehend auch eine Mischung aus Heu und Feldsalat oder Chicoree gereicht werden. Vorsicht ist bei Obst und Gemüse geboten, insbesondere wegen des hohen Kohlenhydratanteils.

Die Ernährungsgewohnheiten freilebender *Testudo hermanni* und *T. graeca* sind bislang kaum näher untersucht worden; lobenswerte Ausnahmen bilden die Arbeiten von SWINGLAND (1984) und STUBBS (zitiert in HIGHFIELD 2000): Letzterem zufolge besteht die Nahrung von *Testudo graeca* zu 25% aus Vertretern der Rosengewächse; 22% stellen die Hülsenfrüchte, 10% die Korbblütler und 80% die Hahnenfußgewächse. Bei *Testudo hermanni* lauten die Vergleichswerte: 30% Wegericharten (*Plantago* spp.), 26% Korbblütler und 10% Rosengewächse. Das durchschnittliche Calcium/Phosphor-Verhältnis beträgt

3,5:1, während der Proteingehalt bei 2,75% liegt (HIGH-FIELD, unveröff.).

Neuere Arbeiten von COBO & ANDREU (1988) liefern eine detaillierte Analyse der Nahrung spanischer *Testudo g. graeca*. Erwachsene Tiere fressen demnach täglich im Durchschnitt 71,4 g frischer Pflanzen (Trockenmasse = 6,28 g).

Auf jeden Fall muss man den Mindestbedarf an Mineralien decken, aber jede Überversorgung mit protein- und fetthaltigen Futtersorten vermeiden! In bestimmter Hinsicht wertvolle Komponenten enthalten nur zu oft schädliche bzw. unverdauliche Substanzen: so ist Obst zwar mineralreich, aber häufig zu zuckerhaltig: bei Landschildkröten verursacht eine übermäßige Verfütterung unweigerlich Durchfall!.

Abb. 49:
Astrochelys radiata beim Fressen der Kräutermischung
FELIX HULBERT

6.2.2. Tropische/subtropische Landschildkröten

Der Begriff tropische bzw. subtropische Landschildkröten umfasst Arten aus sehr unterschiedlichen Habitaten. Dazu gehören Tiere, die halbtrockene bis wüstenhafte

Gebiete bewohnen (etwa *Geochelone sulcata*), solche aus Grassavannen (bspw. *Geochelone pardalis*), echte Regenwaldarten wie *Chelonoidis carbonaria*, *Chelonoidis denticulata* und einige Vertreter der afrikanischen Gattung *Kinixys* (Gelenkschildkröten).

Es leuchtet unmittelbar ein, dass man diese Arten angesichts ihrer sehr unterschiedlichen Vorlieben und Bedürfnisse nicht nach einem einheitlichen Schema ernähren kann. Aufgrund von Erfahrungen lassen sich für die einzelnen Spezies folgende Richtlinien formulieren:

Wald- und Köhlerschildkröten (*Chelonoidis carbonaria* und *C. denticulata*) sowie Gelenkschildkröten (*Kinixys belliana*, *K. erosa* und *K. homeana*) sind grundsätzlich Allesfresser. Ihre geschmacklichen Vorlieben variieren dabei im Einzelnen. Eine neuere Studie über freilebende Wald- und Köhlerschildkröten (MOSKOVITS & BJORNDAL 1990) lieferte einige interessante Erkenntnisse (Tabelle 20): man vergleiche in diesem Zusammenhang Tabelle 4 zur Ernährung von Wüstenschildkröten.

Futterspektrum von	Ø Fettgehalt	Ø Kohlenhydratgehalt
Chelonoidis denticulata	3,2	67,5
Geochelone pardalis	2,5	48,5
Gopherus agassizii	2,2	45,5

Tabelle 21: Durchschnittlicher Kohlenhydratgehalt von Gras-, Blüten- und Laubfutter (bei *Gopherus agassizii* und *Geochelone pardalis*) im Vergleich zu dem stark fruchthaltiger Nahrung (bei *Chelonoidis denticulata*) (nach HIGHFIELD 2000)

Reichern Sie das Futter dieser waldbewohnenden Arten immer mit einigen proteinarmen tierischen Bestandteilen an: bei Tieren, die *ausschließlich* pflanzliche Nahrung erhielten, konnte Proteinmangel (bzw. eine Unterversorgung mit Aminosäuren) festgestellt werden. HIGHFIELD (2000) empfiehlt, ausgewachsenen Waldschildkröten einmal wöchentlich 25 g eingeweichtes Katzen-Trockenfutter und Mineral- bzw. Vitaminpräparate zu reichen (Jungtiere erhalten entsprechend kleinere Mengen). In freier Natur stehen auch Früchte auf dem Speiseplan dieser Arten: anders als Panther- oder Sporenschildkröten kommen sie mit diesen nährstoffreichen, süßen Futtersorten gut zurecht.

Ähnliches gilt auch für Gelenkschildkröten (*Kinixys* ssp.), die in Freiheit ebenfalls ausgesprochene Allesfresser sind; allerdings reichen hier nach HIGHFIELD (2000) etwa 5–10 g Protein pro Woche (wiederum je nach Größe der Tiere) völlig aus. Man hat übrigens beobachtet, dass diese Schildkröten, wenn sie in feuchten Freianlagen oder üppig bepflanzten Gewächshäusern gehalten werden, selbständig nach Nackt- und Gehäuseschnecken u.ä. suchen. Dies wirkt sich nicht nur psychologisch und gastrisch stimulierend aus, sondern wirkt auch als „biologische Schädlingsbekämpfung". Selbstverständlich dürfen in solchen Gärten niemals „Schneckenkörner" oder andere Schädlingsbekämpfungsmittel ausgebracht werden. Tausendfüßer und andere Wirbellose bilden übrigens auch in Freiheit einen wichtigen Bestandteil der Nahrung von Gelenkschildkröten der Gattung *Kinixys*.

6.3. Semiterrestrische Sumpfschildkröten

Diese landbewohnenden Sumpfschildkröten wie z.B. die Gattung *Terrapene* (Dosenschildkröten) sind praktisch Allesfresser. In freier Natur ernähren sie sich von Gehäuse- und Nacktschnecken, Regenwürmern und ähnlichen kleinen Beutetieren, aber auch von Fallobst, Pilzen und frischen Pflanzenteilen. Jungtiere sind häufig fast reine Fleischfresser, doch ergänzen sie ihren Speiseplan mit zunehmendem Alter immer mehr durch pflanzliche Nahrung.

Das Futter für diese Schildkröten sollte sich folgendermaßen zusammensetzen: Nackt- und Gehäuseschnecken; Regenwürmer; Insekten (Mehlwürmer und Käfer); Wirbeltierfleisch (bspw. aufgetaute Mäusebabys), Früchte (die meisten Wasserschildkröten fressen lieber überreife = matschige statt frische); grüne Blattgemüse; Wasserpflanzen; Pilze; Wiesenkräuter.

Wachsmottenraupen sind hingegen aufgrund ihres sehr hohen Fettanteils kritisch zu bewerten!

Auch hier ist strikt darauf zu achten, dass das Futter genug lebenswichtige Spurenelemente enthält. Es empfiehlt sich daher, alle Futterbestandteile behutsam mit einem hochwertigen Vitamin-Mineral-Präparat einzustäuben; vor allem während ihrer Fleischfresser-Phase benötigen die Tiere sehr viel Calcium.

Abb.50:
Heu sollte für
Testudo kleinmanni
stets zur Verfügung
stehen.
FELIX HULBERT

Abb.51:
Selbst Tropen-
bewohnern wie
Chelonoidis carbonaria
sollten auch getrocknete
Pflanzenteile
angeboten werden.
KLAUS-DIETER SCHULZ

Sinngemäß lassen sich diese Richtlinien auch auf andere terrestrisch lebende Sumpfschildkröten übertragen, bspw. auf die Vertreter der südostasiatischen Gattung *Geoemyda* (Zackenrand-Erdschildkröten).

6.4. Sumpf- und Wasserschildkröten

Anders als Landschildkröten ernähren sich die meisten Sumpf- und Wasserschildkrötenarten zu einem beträchtlichen Teil von tierischen Eiweißen (wobei das konkrete Ausmaß je nach Art vom Alter der Tiere abhängen kann, s.u.). Besonders Schmuck- und Zierschildkröten fressen in ihrer Jugend mehr tierische Beute als im Erwachsenenalter. Sie sind Jäger und „opportunistische" Allesfresser, die ein breites Spektrum kleiner Fische, Schnecken und ähnlicher Lebewesen erbeuten. Alttiere kann man mit proteinreicher Nahrung sehr leicht überfüttern. Um Salmonelleninfektionen zu verhindern, sollte man bei der Verfütterung von rohem Fleisch (vor allem Huhn oder Schwein) Vorsicht walten lassen. Obwohl bei Reptilien in der Regel andere Stämme als bei homoiothermen Wirbeltieren auftreten, ist eine Infektion auf diesem Wege nicht völlig auszuschließen.

Abb. 52:
Pseudemys c. hieroglyphica taucht einem Aspikstück hinterher
FELIX HULBERT

Geoemyda-Arten nehmen oft nur lebendes Futter! Lediglich einzelne Tiere akzeptieren auch Obst! (BAUR, mündl. Mitteilung).

Stark fleischhaltige Diäten sind reich an Phosphor, aber calciumarm. Da auch Wasserschildkröten zum ungestörten Aufbau von Skelett und Panzer viel Calcium benötigen, kann dies zu schweren Problemen führen. Bedenken Sie außerdem, dass gerade diese Tiere in freier Natur regelmäßig Schnecken und andere Weichtiere mit calciumreichen Häusern bzw. Schalen fressen. Auch Insektenlarven – die von Jungschildkröten in großen Mengen verzehrt werden – enthalten relativ große Mengen dieses wichtigen Elements.

Da Schildkröten ihre Beute mitsamt den Knochen bzw. Gräten verspeisen, führen sie ihrem Körper so nicht nur Proteine, sondern auch Calcium in ausgewogenen Dosen zu. Große Knochensplitter können, wenn sie im Ganzen verschluckt werden, ein Risiko darstellen; deshalb verabreichen viele Pfleger ihren Tieren Calcium lieber auf eine „sichere" Art (etwa über entsprechende Präparate). Empfehlenswert sind „Korvimin ZVT", „Calcamineral" oder „Reptosan®-G" (s.o.). Auch lebende Beute und calciumarmes Pflanzenfutter wird vor dem Verzehr damit eingestäubt. Tabletten lassen sich leicht in Fleischbrocken verstecken. Will man Überdosierungen vermeiden, empfiehlt es sich, einen Sepiaschulp ins Terrarium zu legen, an dem die Tiere nach Belieben knabbern können. Die im Handel erhältlichen „Calciumblöcke" sind keine befriedigende Lösung und kaum geeignet, Knochenerkrankungen vorzubeugen.

Fisch führt – wenn er auf dem Speisezettel dominiert – zu einem gravierenden Mangel an Vitamin B, da er das Enzym Thiaminase enthält, welches dessen Aufnahme verhindert. Ölreiche Fischsorten eignen sich nicht als Grundfutter, da sie u.a. eine Fettleber verursachen können. Sie verschmutzen überdies das Wasser so stark, dass sie sogar Filter blockieren und dann zu einem abrupten Absinken der Wasserqualität führen. Unbedenkliche Arten sollte man den Schildkröten deshalb in einem separaten Fütterungsbecken anbieten. Bei lebenden Fischen (aber auch anderen Beutetieren) ist die Verschmutzungsgefahr geringer; überdies sprechen diese den Jagdinstinkt ihrer Tiere an und fördern so deren Bewegungsdrang. Um Verletzungen (Futterneid!) zu vermeiden, empfiehlt es sich vor allem bei wehrhaften Arten, jede Schildkröte einzeln zu füttern.

Verfüttern Sie auf gar keinen Fall überwiegend „Schildkrötenflocken", getrocknete Shrimps oder Ameisenpuppen: sie sind als Alleinfutter für die erfolgreiche Aufzucht von Wasserschildkröten völlig ungeeignet, da sie in der Regel sehr wenige Ballaststoffe, Vitamine und Mineralien enthalten. Falls Trockenfutter (Flocken etc.) vorher eingeweicht werden muss, sollte man dies in mit Calcium und Vitaminen versetztem Wasser tun. So stellt man sicher, dass die Schildkröten alle lebenswichtigen Vitamine und Spurenelemente bekommen. Die meisten überwiegend mit solchen Produkten gefütterten Tiere sterben innerhalb weniger Monate an verschiedenen Mangelkrankheiten.

6.4.1. Vorschläge für eine Futterliste

Eine normale Ration sollte jeweils zwei oder drei der unten aufgeführten Bestandteile enthalten. Stellen Sie die diese möglichst unterschiedlich zusammen, um so für eine abwechslungsreiche und ausgewogene Ernährung zu sorgen.

Im Terrarium oder Aquarium gehaltene Wasserschildkröten dürfen also auf gar keinen Fall zu einseitig ernährt werden: füttern Sie die Tiere deshalb so abwechslungsreich wie möglich – schon ihrer Gesundheit zu liebe.

Futtersorten	Anmerkung
Pflanzenblätter, Wasserpflanzen, Salate	in möglichst bunter Mischung anbieten
Fertigfutter (bspw. Reptomin)	dreimal wöchentlich anbieten
Fische* (kleine, rohe Tiere)	ganze Tiere, Gefriergut (rechtzeitig aufgetaut) nach HIGHFIELD nur gelegentlich und in kleinen Dosen!
Hunde- oder Katzenfutter (fettarm) und Forellenpellets	zweimal wöchentlich für Jungtiere, höchstens einmal pro Woche für Alttiere
Regenwürmer	nur gelegentlich anbieten
Schnecken und andere Weichtiere*	nur gelegentlich verfüttern
Tubifex (Bachröhrenwürmer) und Rote Mückenlarven	ausgezeichnetes Futter für appetitlose Schlüpflinge
Zophobas, Heimchen und Wachsmottenraupen **	nur gelegentlich (in kleinen Mengen)

* Diese Futtertiere können bestimmte Parasiten übertragen.
** Sie eignen sich hervorragend für Wildfänge, die totes bzw. Fertigfutter nicht ohne Weiteres als Beute erkennen.

Tabelle 22: Futterliste für Sumpf- und Wasserschildkröten (nach HIGHFIELD 2000)

6.4.2. Futterqualität und Fütterungsrhythmus

Auch für Sumpf und Wasserschildkröten gilt, dass durch Überfütterung weitaus mehr Erkrankungen als durch Futtermangel verursacht werden: erstere kann sich auf

Abb. 53:
Deirochelys reticularia,
Apalone spinifera
tauchen nach Aspik.
FELIX HULBERT

Nur so viel füttern, wie
innerhalb von 5–10 min
gefressen wird!

lange Sicht ebenso negativ auswirken wie letzterer. Qualität und Menge müssen sich in bestimmten Grenzen bewegen. Wasserschildkröten werden durch Überfütterung nicht nur fett und lethargisch: Futterreste sorgen auch für gravierende Hygieneprobleme, die wiederum den Ausbruch von Infektionskrankheiten begünstigen. In der Regel braucht man die Tiere nur drei- bis viermal wöchentlich zu versorgen. Tägliche Fütterungstermine sind eindeutig zu viel des Guten; allerdings dürfen die Tiere ohne Einschränkung Wasserpflanzen (etwa Wasserhyazinthen) fressen. Auch Sumpf- und Wasserschildkröten müssen natürlich ihre Vorzugstemperatur erreichen, um das Futter optimal verdauen zu können!

6.5. Altersbedingte Änderungen des Nahrungsspektrums
6.5.1. Landschildkröten
Die Frage, ob an sich pflanzenfressende Landschildkröten als Jungtiere (d.h. in der Wachstumsphase) verstärkt tierische Proteine benötigen, ist nach wie vor hef-

tig umstritten; die bereits geschilderten Eigenheiten des Verdauungstraktes (vgl. Abschnitt 2) und die nachweislichen Folgen einer allzu proteinreichen Ernährung sprechen jedoch dagegen. Vertretbar ist eine verstärkte Zufuhr von Calcium und anderen Mineralstoffen. Wenn junge (und alte) Landschildkröten in Freianlagen bei Gelegenheit Würmer und Schnecken fressen, braucht man keine nachteiligen Folgen zu befürchten.

Abb. 54:
Deirochelys reticularia, Apalone spinifera beim Fressen von Aspik.
FELIX HULBERT

6.5.2. Sumpf- und Wasserschildkröten

Viele Sumpf- und Wasserschildkröten erbeuten während ihrer heftigsten Wachstumsphase – in der sie zum Aufbau von Panzer und Skelett sehr viele Proteine und Mineralstoffe benötigen – überwiegend bis ausschließlich tierische Nahrung; sobald sich die natürliche Längenzunahme spürbar verlangsamt, nehmen Pflanzen auf dem Speiseplan vieler Arten eine wichtigere Stellung ein: manche Arten sind als Alttiere reine Pflanzenfresser, während andere eher als Allesfresser einzustufen sind.

In freier Natur erfolgt der Übergang von einer stark proteinhaltigen Nahrung zu einer überwiegend aus Wasserpflanzen bestehenden etwa bei einer Carapaxlänge von 4–6 cm (HIGHFIELD 2000). Während der Fleischfresser-Phase besteht das Futter zu 85% aus Insekten und zu 15% aus Wasserpflanzen. Bei erwachsenen Tieren ist das Verhältnis nahezu umgekehrt: 90% Pflanzen stehen weniger als 10% Insekten u.ä. gegenüber.

6.6. Schematische Fütterungsrichtlinien für Land, Sumpf- und Wasserschildkröten

Die folgenden Tabellen sollen in aller Kürze andeuten, welche Hauptkomponenten auf dem Speisezettel häufi-

Art	Fleisch	Fisch	Wirbellose	Blüten	Früchte	Grünpflanzen
Astrochelys radiata	–	–	~	x	x	x (auch trocken)
Chelonoidis carbonaria	~	–	x	x	x	x (auch trocken)
Chelonoidis chilensis	–	–	~	x	x	x (auch trocken)
Chelonoidis denticulata	–	–	x	x	x	x
Chelonoidis nigra	–	–	x	x	x	x (auch trocken)
Dipsochelys dussumieri	–	–	~	x	x	x (auch trocken)
Geochelone elegans	–	–	x	x	x	x (auch trocken)
Geochelone pardalis	–	–	~	x	x	x (auch trocken)
Geochelone sulcata	–	–	–	x	x	x (auch trocken)
Gopherus spp.	–	–	~	x	x	x (auch trocken)
Indotestudo elongata	~	–	~	x	x	x
Kinixys spp.	~	–	x	x	x	x (auch trocken)
Malacochersus tornieri	–	–	–	x	x	x (auch trocken)
Manouria emys	–	–	Schnecken	x	x	x
Terrapene spp.	x	~	x	x	~	x
Testudo [A.] horsfieldii	–	–	~	x	~	x (auch trocken)
Testudo kleinmanni	–	–	~	x	–	x (auch trocken)
Testudo graeca	–	–	~	x	~	x (auch trocken)
Testudo hermanni	–	–	~	x	~	x (auch trocken)
Testudo marginata	–	–	~	x	~	x (auch trocken)

Tabelle 23a: Die Ansprüche häufig gehaltener Land- und Dosenschildkröten an ihre Nahrung(modifiziert nach FRYE 1996[2]) x = ja; –= nein; ~ = gelegentlich

ger gehaltener Schildkrötenarten stehen dürfen; im Einzelfall sind immer die einschlägigen Kapitel zu Rate zu ziehen:

Art	Fleisch	Fisch	Wirbellose	Blüten	Früchte	Grünpflanzen
Carettochelys insculpta	x	x	x	–	x	Wasserpflanzen
Chelodina spp.	x	x	x	–	–	Wasserpflanzen
Chelus fimbriatus	~	x	~	–	–	–
Chelydra serpentina	x	x	x	–	–	–
*Chrysemys picta***	x	x	x	–	–	Wasserpflanzen
Clemmys spp.***	x	x	x	–	–	Wasserpflanzen
Cuora spp.	~	x	x	~	~	~
Cyclemys spp.	x	x	Würmer	–	x	Algen
Deirochelys reticularia	x	x	x	~	–	Wasserpflanzen
Dermatemys mawii	x	x	x	–	–	Wasserpflanzen
Elseya novaeguineae	~	x	x	–	–	Wasserpflanzen
Emydoidea blandingii	x	x	x	~	–	Wasserpflanzen
Graptemys spp.***	x	x	x	–	–	Wasserpflanzen
Hardella thurjii	x	x	x	–	–	Wasserpflanzen
Kinosternon spp.	x	x	x	–	–	Wasserpflanzen
Malaclemmys terrapin	~	x	x	–	–	Wasserpflanzen
Macroclemys temminckii	x	x	x	–	–	–
Pelomedusa subrufa	x	x	x	–	–	Wasserpflanzen
Pelusios spp.	x	x	x	–	–	Wasserpflanzen
Phrynops sp.	x	x	Krabben	–	–	Wasserpflanzen
Platemys spp.	x	x	x	–	–	Wasserpflanzen
Sacalia bealei	~	x	x	–	x	Wasserpflanzen
Siebenrockiella crassicollis	x	x	x	–	x	Wasserpflanzen
*Trachemys scripta elegans***	x	x	x	–	–	Wasserpflanzen
Trionychidae	x	x	x	–	–	x

Tabelle 23b: Die Ansprüche häufig gehaltener Sumpf– und Wasserschildkröten an ihre Nahrung (modifiziert nach Frye 1996[2]) x = ja; –= nein; ~ = gelegentlich ***(Jungtiere mehr Fleischfresser!)

Abb. 55:
Mediterranen
Vertretern der Gattung
Testudo sollte keine
fleischliche Nahrung
gegeben werden,
obwohl sie diese,
wie hier zu sehen,
durchaus gierig
verzehren
WALTER & MONIKA
MATZANKE

7. Ernährungsbedingte Krankheiten

Bei Befolgung der in den vorausgehenden Kapiteln geschilderten Richtlinien dürfte es eigentlich kaum jemals zu Mangelerscheinungen oder ernährungsbedingten Organschäden kommen.

Falls dieser Fall dennoch eintritt (oder bei frisch erworbenen Tieren ein entsprechender Befund oder Verdacht vorliegt), sollte man sich keinesfalls selbst als Therapeut versuchen, sondern seine Tiere unverzüglich einem einschlägig spezialisierten Tierarzt anvertrauen.

Im Folgenden sollen deshalb nur kurz die wichtigsten Erkrankungen beschrieben und vorbeugende Maßnahmen vorgeschlagen werden. Wer sich unabhängig davon (auch als nicht spezialisierter Veterinär) näher über dieses Thema informieren will, sollte die Arbeiten von EGGENSCHWILER-LEU (1996) und SASSENBURG (1998) studieren – sie aber nicht als Laie zur Selbsttherapie nutzen!

Ernährungsbedingte Krankheiten sind eine der wichtigsten Todesursachen von Nachzuchtbabys und Jungtieren (HIGHFIELD 1986, ZWART 1987). LAMBERT (1986,

1988) zufolge liegt die mittlere Lebenserwartung von *Testudo graeca* in Großbritannien bei 1,5 Jahren, während sie bei *T. hermanni* 1,75 und bei *T. marginata* 2,3 Jahre beträgt. Allerdings führt dieser Autor keine klinischen Ursachen an, sondern vermerkt lediglich, dass die betreffenden Tiere schneller als ihre freien Artgenossen wuchsen und auffällige Panzerdeformationen zeigten. Genauere Untersuchungen ergaben, dass ausnahmslos eine Kombination fest umrissener Befunde vorlag (in erster Linie Knochenerweichung (Osteodystrophie) als Folge eines unausgewogenen Calcium-Phosphor-Verhältnisses, die häufig mit Leber- und Nierenkrankheiten einherging; im letztgenannten Fall kam es zur Ablagerung von Harnstoff und -säure in den Nierenkanälen). Besonders häufig ist dieses Krankheitsbild bei pflanzenfressenden Arten, die sehr viele tierische Proteine zu fressen bekamen, aber in ihren natürlichen Lebensräumen deutlich niedrigere Mengen zu sich nehmen.

Tierärzte melden auffällige Häufungen von Nieren- und Lebererkrankungen. KEYMER (1978) verzeichnet bei 144 untersuchten Schildkröten (Zoo- und Haustiere) fol-

Abb. 55 (links):
Testudo h. hermanni im Freiland.
Um ernährungsbedingten Krankheiten vorzubeugen, sollte insbesondere den mediterranen Landschildkröten ein Freilandaufenthalt im Sommer gewährt werden.
WALTER & MONIKA MATZANKE

Abb. 57 (rechts):
Testudo hermanni hermanni im Klee.
FELIX HULBERT

gende Todesursachen: Erkrankungen des Verdauungstrakts (27%), der Nieren (11%) und der Leber (9,7%). Ernährungsbedingte Krankheiten unterschiedlicher Art waren für 22,2% der Todesfälle verantwortlich.

Eine andere Studie (ROSSKOPF 1981) konzentrierte sich auf Schildkröten, die als Haustiere gehalten wurden: sie ergab, dass 72,6% der verstorbenen Tiere an schweren Leberschäden litten; 53% wiesen zudem Erkrankungen der Atemwege auf (inkl. Lungenentzündung), 50,7% solche des Verdauungstraktes, 40,6% Nierenkrankheiten und 34,3% Herzleiden. Beachtung verdient dabei, dass in beiden Studien Erkrankungen des Verdauungstraktes (die häufig, aber keineswegs immer von Parasiten hervorgerufen werden) einen sehr hohen Stellenwert einnehmen; überdies litten als Haustiere gehaltene Schildkröten wesentlich häufiger an Leber- und Nierenkrankheiten.

Eine noch unveröffentlichte Studie an Tieren aus Privathand ergab eine ähnlich hohe Häufung von Leber- und Nierenleiden. In diesem Zusammenhang ist es interessant, dass Grüne Leguane im Terrarium häufig nahezu identische Folgen von Fehlernährung zeigen (WALLACH & HOESSELE 1966, 1968).

7.1. Störungen der Darmflora

Reptosan®-H hat sich bei Durchfall-Erkrankungen bewährt. (siehe S. 31)

In Abschnitt 2 wurde bereits ausgeführt, dass rohfaserreiche Nahrung für das Funktionieren der lebenswichtigen Darmflora unerlässlich ist. Leicht verdauliches, strukturarmes und zu nährstoffreiches Futter (Protein, Zucker, Stärke) kann dieses empfindliche System lähmen. Gärendes Obst hat bspw. die Bildung von Gasen und Alkohol zur Folge, welche zur teilweisen oder vollständigen Zerstörung der Darmflora führt. Bei gleichzeitiger Vermehrung von Krankheitskeimen (Dysbakterie) kommt es zu unvollständiger Verdauung (durch zu schnelles Passieren des Darmes) und Störung der Wasseraufnahme, was sich in Durchfall (stinkender, z.T. schaumig-flüssiger Kot) äußert.

Unter diesen Umständen können sich Parasiten (vor allem Flagellaten) einnisten: sie führen zu Darmentzündungen (letztlich sogar zum Absterben der Schleimhaut), Geschwüren und Darmdurchbrüchen. Fast 50% der kranken *Geochelone* zeigen „Durchfallkot", etwa 75%

chronische Verdauungsprobleme. Viele Fälle sind nicht mehr therapierbar.

Darmentzündung (Enteritis) kommt in Terrarienbeständen sehr häufig vor, wo sie manchmal für bis zu 40% aller Todesfälle verantwortlich ist. Mangel an Ballaststoffen ist sicher einer der wichtigsten Gründe, und eine ausreichende Zufuhr derselben fördert wahrscheinlich die Eindämmung von potentiell schädlichen Parasiten. Erkrankungen des Verdauungstraktes dürften bei pflanzenfressenden Schildkrötenarten auf Futterbestandteile zurückzuführen sein, die zu leicht verdaulich sind oder zu Gärung neigen (zuckerhaltiges Futter). Mit diesen kommt das eher langsam arbeitende, hauptsächlich auf vegetabile Nahrung zugeschnittene Verdauungssystem dieser Tiere nur schlecht zurecht.

Wenn man immer wieder unverzehrtes Reste aus dem Behälter entfernen muss, kann dies an drei Ursachen liegen:

– Sie geben den Tieren zuviel Futter;
– die Haltungstemperatur ist zu niedrig, so dass sich der Appetit der Tiere verringert;
– die Schildkröten sind krank.

7.2. Unter- und Überversorgung

Alle auf Fehlernährung zurückgehende Krankheiten lassen sich in zwei Gruppen gliedern:

a) Erkrankungen, die durch Überversorgung verursacht werden.

b) Erkrankungen, die auf Unterversorgung zurückzuführen sind.

Häufig treten beide Typen gemeinsam auf: so kann eine akute Panzerdeformation (die durch Calciummangel verursacht wird) mit Leber- und Nierenstörungen einhergehen, die wiederum auf übermäßigen Verzehr von gesättigten Fettsäuren, Proteinen und Nitraten zurückgehen.

In der Praxis lässt sich ein ausgewogenes Verhältnis zwischen normalem Wachstum und zufriedenstellender Panzerentwicklung gewährleisten, ohne dass es zu der von LAMBERT geschilderten Todesfällen kommt – unter der Voraussetzung, dass die spezifischen Bedürfnisse der jeweiligen Art berücksichtigt werden und alle wichtigen Spurenelemente in ausreichenden Mengen verfüttert werden. Der Faktor "Nahrung" ist für Wachstum und Entwicklung ebenso wichtig wie das Klima, das seinerseits eine Schlüsselrolle bei der Auslösung des Fortpflanzungszyklus spielt. Werden Schildkröten zu warm und zu trocken gehalten, begünstigt dies eine extreme Höckerbildung.

Abb. 58:
Auch in Freiland-
anlagen empfiehlt sich
die Zugabe von
Grünfutter wie z.B.
Endivien-Salat.
(Testudo h. hermanni und
T. h. boettgeri)
Monika & Walter
Matzanke

Werden die Tiere zu
warm gehalten und
dabei förmlich gemästet,
kommen dabei bisweilen
wahre Riesenexemplare
heraus, die überdies
unter massiver Fett-
einlagerung in der
Knochen-Spongiosa lei-
den (BAUR, münd. Mitt.)

7.2.1. Unterversorgung

Deformationen durch Mineralmangel – Sie treten etwa
bei Schildkröten auf, die ausschließlich mit Kopfsalat,
Tomaten und Gurken ohne Mineralzusätze gefüttert werden: hier zeigen sich die typischen Symptome einer
Panzererweichung, d.h. Rücken- und Bauchpanzer bleiben viel länger als üblich weich und biegsam. Ansätze
von „Pyramiden" (turmartig überhöhten Rückenschil-
den) sind ebenfalls zu beobachten, doch halten sich diese
in Grenzen. Der Rückenpanzer ist in der Beckengegend
meist stark abgeflacht; sind die Kieferknochen ebenfalls
betroffen, kann es zu Problemen bei der Nahrungsaufnahme kommen.

Sezierte Tiere zeigen eine poröse, hochgradig zer-
brechliche Knochenstruktur, und das Gewebe ist oftmals
viel dicker und aufgelockerter als normal. Die Dicke der
Hornschilde bewegt sich im normalen Rahmen, doch
sind abnorm hohe Harnstoff- und/oder Harnsäurekon-
zentrationen zu verzeichnen. Die Harnstoffwerte des
Blutplasmas bewegen sich allenfalls am oberen Ende des

normalen Spielraums. Diesem Problem kann man vorbeugen, indem man den Tieren ausreichende Mengen von Calcium zukommen lässt und sicherstellt, dass sich das Calcium-Phosphor-Verhältnis im richtigen Rahmen bewegt. Außerdem müssen die Schildkröten genug Vitamin D_3 erhalten (am besten durch UV-Bestrahlung). Im übrigen kann es selbst bei Tieren, die nur wenige, mangelhafte Futtersorten erhalten, zu einem normalen Knochenwachstum kommen, wenn man ihnen zusätzlich Calcium, Magnesium und andere den Knochenaufbau fördernde Mineralien verabreicht.

In freier Natur suchen viele Schildkröten gezielt nach zusätzlichen Calciumquellen wie sonnengebleichten Knochen und mineralhaltigen Substratpartikeln. HIGHFIELD (2000) konnte an *Testudo g. graeca* (Marokko) und *Testudo kleinmanni* (Ägypten) beobachten, dass die Tiere leere Schneckengehäuse fraßen, die auch in ihren trockenen Lebensräumen zahlreich zu finden sind.

Bei derartiger Unterversorgung bleiben die Panzer junger Wasserschildkröten länger als üblich weich. Mus-

Abb. 59:
Es empfiehlt sich, das Grünfutter mit einem Mineralstoffgemisch (z.B. Korvimin® ZVT) einzustäuben.
FELIX HULBERT

Die von Echsen bekannten, häufig örtlich begrenzte Schwellungen an Kiefern und Gliedmaßen kommen hingegen bei Schildkröten nicht vor (BAUR, mündl. Mitteilung).

kelstoffwechselstörungen, die sich als Zittern (Tremor) äußern, gehen ebenfalls auf Calciummangel zurück. Diese Symptome treten – je nach Schwere der Erkrankung – einzeln oder kombiniert auf. Jungtiere sind wegen ihres raschen Wachstums und erhöhten Calciumbedarfs in der Regel stärker betroffen, doch bleiben auch Adulti nicht verschont, wenn sie längere Zeit mangelhaft bzw. unausgewogen gefüttert werden.

Das unter den Hornplatten gelegene Knochengewebe wird porös und dicker. Um das geschwächte Skelett zu stärken, umgibt es der Körper mit faserigem Bindegewebe. Die Nebenschilddrüsen nehmen einen zu niedrigen Calciumspiegel des Blutplasmas wahr und versuchen diesen Mangel zu beheben, indem sie den Knochen Calcium entziehen – wodurch die Situation noch verschlimmert wird. Dieser Teufelskreis bleibt solange bestehen, wie die Nahrung und das Blutplasma ein Calciumdefizit aufweisen.

Derartigen Erkrankungen beugt man am besten vor, indem man die Tiere ausgewogen ernährt und ihnen in ausreichendem Maße Zusatzpräparate sowie UV-Strahlung zukommen lässt.

7.2.2. Überversorgung

7.2.2.1. Fett

Pflanzenfressende Landschildkröten sind nur eingeschränkt imstande, gesättigte Fette zu verdauen: erhalten sie derartige Nahrung, kommt es unweigerlich zu einer schweren Nierenschädigung, die sich zu Gelbsucht und der Unfähigkeit, Vitamin A aufzunehmen auswächst; ein Mangel an Vitamin A geht häufig mit einer Fettleber einher. Besonders schädlich ist das handelsübliche Dosenfutter für Hunde und Katzen. Da die Aktivität bei Terrarientieren aufgrund niedriger Temperaturen und kürzerer Tagesdauer (Photoperiode) meist deutlich niedriger als in freier Natur ausfällt, nimmt es nicht wunder, dass sich viele Todesfälle auf Fettleibigkeit zurückführen lassen. Infolge unsachgemäßer Überwinterung (bei zu hohen Temperaturen) kann durch giftige Zwischenprodukte des Fettstoffwechsels die sogenannte Fettleber entstehen.

7.2.2.2. Proteine

Die meisten Krankheitsfälle lassen eindeutig darauf schließen, dass eine Gefahr eher von Über- als von Unterversorgung mit Proteinen ausgeht. Futtersorten auf Fleischbasis sind extrem reich an Proteinen und Aminosäuren: 100 g Hundefutter (Konserve) enthalten 15% Proteine, die in weit höherem Maße als der Inhalt vergleichbarer Pflanzennahrung verwertet werden. Unter bestimmten Umständen mag dies vorteilhaft sein – für Pflanzenfresser ist es auf jeden Fall schädlich.

Im Terrarium bekommen Schildkröten oft Futter, das viel mehr verwertbares Protein als ihre natürliche Nahrung enthält. Zusammen mit dem Calciummangel ist dies eine der wichtigsten Todesursachen in der Altersgruppe zwischen 18 und 21 Monaten. Das Wachstum wird stark beschleunigt: HIGHFIELD (2000) konnte sogar beobachten, dass ein Nachzucht-Männchen von *Testudo (graeca) ibera* schon mit nur 19 Monaten voll geschlechtsreif war: bei einer Panzerlänge von 148 mm betrug sein Gewicht 565 g. Der stark deformierte Rückenpanzer zeigte eine extreme Höckerbildung (sogenannte Pyramiden), und der Schnabel war derart ausgeprägt, dass er die Futteraufnahme behinderte.

Ähnliche Beobachtungen wurden an Nachzuchten von *Gopherus agassizii* gemacht, die statt möglichst naturnahen Futters ausschließlich calciumarme, proteinreiche Pflanzennahrung erhielten: Alle zeigten stark deformierte Rückenpanzer.

Proteinarme Pflanzenkost kann indes ebenso leicht zu Wachstumsstörungen und Missbildungen führen wie die begrenzte Aufnahme von stark proteinhaltiger Nahrung (bspw. Fleischprodukte).

Abgesehen davon wirkt sich hoher Proteinkonsum zweifach aus: a) er beeinflusst die Fähigkeit zur Calciumresorption; b) er führt zu hohen Urat-Konzentrationen im Blutplasma – und daher auch zum Anstieg der von den Nieren zu entsorgenden Stickstoff-Abfallprodukte.

Pflanzenfressende Schildkröten, leiden bei derartiger Diät schließlich an Nierenerkrankungen. Stark entwässerte Tiere sind besonders gefährdet, da Harnsäuresalze (Urate) in den Nierenkanälen, dem Herzbeutel, der Leber und anderen Organen abgelagert werden und schließlich zu Gicht führen.

Nierenerkrankungen – Pflanzenfressende Schildkröten, die zu proteinreiches Futter erhalten, leiden schließlich an Nierenerkrankungen. Stark entwässerte Tiere sind am stärksten gefährdet, da Harnstoff nicht nur in den Nierenkanälen, sondern auch im Herzbeutel, der Leber und anderen Organen abgelagert wird.

Auch hier ist Hunde- oder Katzenfutter besonders gefährlich: es enthält nicht nur viele Proteine (ca. 17 %), gesättigte Fettsäuren und Phosphor (aber wenig Calcium), sondern auch hohe Nitratkonzentrationen. Käse – der allen Ernstes als Futter für Testudo graeca vorgeschlagen wurde – ist ebenfalls abzulehnen: sein Proteingehalt beträgt etwa 25%. Zu hoher Proteingehalt der Nahrung kann einen erhöhten Spiegel der Uratwerte und damit Gicht verursachen. Auch Hülsenfrüchte (ca. 10%) müssen als kritisch gelten.

Auch zwischen Proteinaufnahme und Harnsäureproduktion besteht ein direkter Zusammenhang. Handelsübliches Schildkröten-Fertigfutter und Vitamin- oder Mineralpräparate, die bestimmte Aminosäuren (bspw.

Abb. 61:
Salatmischung
Positivbeispiel:
Der in der linken
Abbildung gezeigte
Kopfsalat lässt sich
durch Endivien,
Romana oder Rucola
ersetzen.
Zudem sollte der Salat
durch Wildkräuter
ergänzt werden.
FELIX HULBERT

Lysin, Leucin, Trytophan oder Arginin u.ä.) enthalten, sollten deshalb tunlichst nicht verwendet werden, da sie beim Menschen nachweislich zu Leber- und Nierenschäden, Gicht und Calciumverlust führen können.

Panzerdeformationen – Schildkröten, die als Jungtiere über einen längeren Zeitraum proteinreiches Futter erhalten, weisen häufig schwere Panzer- und Skelettdeformationen auf; in minder schlimmen Fällen beschränken sich diese auf turmartig erhöhte Rückenpanzerschilde, sogenannte „Pyramiden".

vgl. WESER 1988

Arten aus mehr oder minder trockenen Lebensräumen leiden häufiger unter derartigen Deformationen als solche aus feuchteren Lebensräumen (zur ersten Gruppe gehören u.a. *Geochelone pardalis, G. elegans, Testudo kleinmanni*, zur zweiten u.a. *Chelonoidis denticulata, C. chilensis, C. nigra* und *Kinixys belliana*). Im Terrarium neigen Erstere dazu, viel öfter als in freier Natur zu fressen. In Dürrephasen mit begrenztem Futterangebot senken freilebende Landschildkröten ihren Energiebedarf drastisch (um 50–80%), indem sie sich für lange Zeit in Höhlen oder andere Verstecke zurückziehen. Bei Terrarientieren entfallen diese einschränkenden Faktoren: sie fressen innerhalb eines bestimmten Zeitraums viel mehr als ihre „wilden" Artgenossen (nur bei *Testudo [A.] horsfieldii* funktioniert die „innere Uhr" offenbar regelmäßig). Dies führt zur erhöhten Aufnahme von Proteinen, rascherem Wachstum und folglich zu einem erhöhten Bedarf an Calcium und anderen Spurenelementen. Stehen zu wenige davon zur Verfügung, kommt es schnell zu Panzer- und Skelettmissbildungen.

Übermäßiger Proteinkonsum beeinträchtigt auch die Fähigkeit zur Aufnahme von Calcium und fördert das Keratinwachstum, was sich in überlangen Krallen und Kieferschneiden sowie einer beträchtlichen Verdickung der äußeren Hornschilde des Panzers niederschlägt.

In der Regel wirken solche Tiere dunkler als normal (melanistisch), da die dunkleren, dickeren Keratinschichten die mittleren Lagen sowie die zuunterst liegenden Knochenplatten überdecken. Wenn die Wachstumsrate des Keratins jene des Knochengewebes übertrifft, kommt es auch zu physischem Stress, der weitere Deformationen und abnorme Wachstumsformen begünstigt.

Allzu proteinarme Pflanzenkost kann indes ebenso zu Wachstumsstörungen und Deformationen führen wie begrenzter Verzehr stark proteinhaltiger Nahrung (etwa Fleischprodukte): Erhalten „Allesfresser" oder die eher carnivoren Jungtiere bestimmter Arten (siehe Tabellen 23 a + b) zuwenig Proteine, sind Minderwachstum oder Deformationen die Folge.

Der Erfolg (oder Misserfolg) einer Diät lässt sich nur an Jungtieren relativ leicht ablesen; Erwachsene kommen mit den Folgen von Fehlernährung (Über- oder Unterversorgung) oft jahrelang zurecht, ohne sichtbare Symptome zu zeigen. Allerdings gibt es auch hier Langzeitschäden. Bei Jungtieren hingegen treten die ersten Folgen schon innerhalb von 12–24 Monaten zutage: ihr ganzes Ausmaß zeigt sich aber erst nach 5–10 Jahren.

7.2.2.3. Kohlenhydrate

Darmerkrankungen sind häufig die Folge eines Mangels an Zellwandbestandteilen (Zellulose). Ein wichtige Rolle spielen auch Kohlenhydrate bzw. eine Überversorgung mit diesen Nährstoffen: Im Krummdarm wandeln Bakterien sie zu flüchtigen Fettsäuren um. Ein Übermaß an Stärke und Zucker kann jedoch das ganze System lahm legen: beide werden wesentlich rascher als die in Gras bzw. Heu enthaltene Rohfaser verarbeitet. Im Ergebnis kommt es zu einem massiven Übersäuerung des pH-Werts des Darminhalts; dies löst eine Reihe schwerwiegender Folgen aus. Wenn die Darmbakterien abzusterben beginnen (etwa bei pH-Werten unter 5,5), bilden sich große Mengen von Giftstoffen. Nun kann es zu Schädigungen der Darmwand kommen, welche die Aufnahme von Nährstoffen stark behindern.

Leberleiden zählen nach Rosskopf u.a. (1981), zitiert in Highfield 2000) zu den häufigsten Todesursachen bei Landschildkröten aus Trockengebieten: auf sie gehen bis zu 72,6% aller in Großbritannien klinisch untersuchten Todesfälle zurück Verdauungsstörungen (teilweises Absterben der Darmflora, beschleunigte Darmpassage, Parasitosen) sind häufig die Folge übermäßigen Konsums von Obst und anderen leichtverdaulichen, strukturarmen und gehaltvollen Futtersorten. Besonders gefährdet sind in dieser Hinsicht die folgenden Spezies:

Deutscher Name	Wissenschaftliche Bezeichnung
Strahlenschildkröte	*Astrochelys radiata*
Afrikanische Sporenschildkröte	*Geochelone sulcata*
Indische Sternschildkröte	*Geochelone elegans*
Mediterrane Landschildkröten	*Testudo* spp.,
Nordamerikanische Gopherschildkröten	*Gopherus* spp.
Pantherschildkröte	*Geochelone pardalis*
Spaltenschildkröte	*Malacochersus tornieri*
Flachrückenlandschildkröten	*Homopus* spp.,
Zeltschildkröten	*Psammobates* spp.,
Schnabelbrustschildkröte	*Chersina angulata*

Tabelle 24: Gegen Kohlenhydrate besonders empfindliche Arten (nach Highfield 2000)

Abb. 62:
Geochelone sulcata
mit Tomaten.
FELIX HULBERT

7.3. Nahrungsmittelsucht

Schildkröten fressen vieles, was man ihnen vorsetzt – egal, ob es verdaulich bzw. nährstoffreich ist oder nicht. Bevor man sie durch eine Schranke von den Besuchern trennte, verschluckten Riesenschildkröten im Zoo von San Diego erwiesenermaßen Popcorn, Luftballons, Joghurt, Filmdosen, Kaugummis und rotlackierte Zehennägel (BACON 1980).

HIGHFIELD (2000) führt verschiedene wahrhaft groteske Fälle von Fehlernährung an (die in der Regel – wie zu erwarten – für die betroffenen Tiere tragisch endeten).

Land- und Wasserschildkröten können gutes Futter nicht von schlechtem unterscheiden und werden leicht süchtig nach bestimmten Sorten, an die sie sich einmal gewöhnt haben. Die Verfütterung von Brot, Milch, Käse, Erbsen, Bohnen, Speiseeis oder Dosenfutter (für Hunde und Katzen) an pflanzenfressende Landschildkröten lässt sich mit keinem Argument entschuldigen. Auch Alles- und Fleischfresser müssen sehr gezielt ernährt werden.

Manche Tiere lassen sich ungern an gesünderes Futter gewöhnen: bleiben Sie hart, bieten Sie weiterhin das richtige an und kehren Sie niemals zur alten Praxis zurück!

Sorgen sie für eine ausreichende Trinkwasserversorgung und warten Sie ansonsten ab, bis die Tiere vor Hunger zu fressen beginnen. Schildkröten, die so absonderlich wie oben beschrieben gefüttert wurden, sind in der Regel zu fett und leiden an einer Fettleber. Eine Abmagerungskur tut ihnen immer gut. Überwachen sie die Entwicklung aufmerksam und unter Anleitung eines qualifizierten Tierarztes. Manchmal müssen die Folgen eines übermäßigen Fettkonsums mit Medikamenten behandelt werden. Wenn die Tiere das richtige Futter erhalten und auch sonst artgerecht gehalten werden, lassen sie sich meist auf eine gesündere Diät umgewöhnen.

Abb. 63:
Pantherschildkröte (*Geochelone pardalis*) Aufgrund falscher Ernährung (z.B. Calciummangel) kann solch eine turmartige Deformation der einzelnen Schilder entstehen. FELIX HULBERT

7.4. Vorbeugende Maßnahmen
Ernährung, Verdauung, Wachstum und Umwelteinflüsse sind bei wechselwarmen Tieren untrennbar mit einander verbunden. Keiner dieser Faktoren kann isoliert betrachtet werden. Struktur und Entwicklung des Skeletts hängen hingegen nicht *direkt* von Temperatur, Wasser und Umgebungsfeuchtigkeit ab (wenn man einmal vom möglichen Einfluss der Feuchtigkeit auf die äußere Keratinschicht des Panzers absieht).

In erster Linie wird das Wachstum von Menge und Verwertungsgrad der Nahrung beeinflusst. Panzerdeformationen lassen sich fast immer auf Fehlernährung zurückführen: bestimmte Stoffe werden entweder in zu geringem oder in zu hohem Maße konsumiert. Umweltfaktoren hingegen können sich durchaus auf die im Verdauungstrakt ablaufenden Stoffwechselvorgänge oder auf den Appetit der Tiere auswirken, üben aber als solche keinen direkten Einfluss auf die Entstehung von „Pyramiden" oder Panzererweichung aus. Hauptursachen der erwähnten Phänomene sind immer eine Schwächung des Skelettaufbaus (Osteodystrophie) – die auf übermäßiges Wachstum bei gleichzeitigem Mangel an Calcium, Spurenelementen und Vitamin D_3 ausgelöst wird – und abnormes Keratinwachstum; beide sind Folge langfristig überhöhten Proteinkonsums.

Ein ungestörtes, natürliches Wachstum erzielt man am besten durch eine sparsame Proteinzufuhr bzw. Rationierung des Anteils dieser Nährstoffe (je nach Art), eine ausreichende Versorgung mit Calcium, wichtigen Spurenelementen und Vitamin D_3 (vorsichtig dosieren!) sowie lange Pausen zwischen den Fütterungsterminen: vermeiden Sie zu hohe Temperaturen, Überfütterung und überlange Aktivitätsperioden!

Es trifft sicherlich zu, dass sich auch bei relativ proteinreicher Ernährung sichtlich gesunde Schildkröten mit „glatten" Panzern recht schnell aufziehen lassen, wenn man geeignete Vorsorgemaßnahmen trifft, doch wirkt sich dies letztlich verkürzend auf die Lebenserwartung der Tiere aus. Ihre Nieren werden jedenfalls sehr stark beansprucht, und es kann auch zu Schädigungen der Leber kommen.

Schlussfolgerungen – Zur Vorbeugung können folgende Maßnahmen empfohlen werden:
– Stellen Sie die Nahrung so abwechslungsreich wie möglich zusammen und lassen Sie Ihre Schildkröten (sofern dies bei der jeweiligen Art vertretbar ist) vom Spätfrühling bis zum Herbst auf halbwegs naturnahen Wiesen bzw. in entsprechend bepflanzten Freigehegen weiden – auf diese Weise erhalten die Tiere ein breites Spektrum an natürlichen Spurenelementen und die lebenswichtige UV-Strahlung (Vitamin D!).

– Sorgen Sie für eine ausreichende UV-Strahlung: Falls die Verhältnisse im Freiland auch nur annähernd jenen im heimatlichen Biotop entsprechen, braucht man den Tieren kein zusätzliches Vitamin D_3 zu verabreichen. Schildkrötenhalter in den nördlicheren Breiten sollten es grundsätzlich – aber mit gebotener Vorsicht wegendes Risikos einer D-Hypervitaminose – über das Futter verabreichen (mittels der mehrfach vorgeschlagenen Präparate, keinesfalls pur!). Künstliche Bestrahlung ist eine Alternative, doch sollte man die Leuchtmittel regelmäßig (d.h. alle 3–6 Monate) auswechseln; ergänzend kann man die Tiere zwei- bis dreimal wöchentlich 15–20 Minuten oder jeden Tag ca. 10 Minuten gezielt bestrahlen (z.B. Osram Ultra-Vitalux, die eine deutliche längere Lebensdauer haben; vgl. Abschnitt 5.3.).

– Verfüttern sie keinesfalls Pflanzen, die viel Oxal- oder Pflanzensäure, ein Übermaß an Fetten, Proteinen und/oder leicht verdaulichen Kohlenhydraten (Zucker!) enthalten. Achten Sie vielmehr – vor allem bei Steppen- und Savannenarten – auf einen hohen Rohfaseranteil.

– Streben Sie eine calciumreiche, aber phosphorarme Zusammensetzung des Futters an. Falls Sie die Nahrung durch Vitaminpräparate aufwerten müssen, ist jede Überdosierung zu vermeiden. Luzerne-Grünmehl, Sepia und Eierschalen können von den Tieren nach eigenem Belieben aufgenommen werden und bergen daher kein derartiges Risiko.

– Füttern Sie die Tiere nur so oft und reichlich, dass sie niemals völlig gesättigt sind; trennen Sie aggressive Arten (vor allem bestimmte Sumpf- und Wasserschildkröten) bei der Fütterung, um gegenseitige Verletzungen zu vermeiden (Futterneid!).

– Respektieren Sie den natürlichen Aktivitätsrhythmus Ihrer Pfleglinge und stellen Sie die Zusammensetzung des Speisezettels gegebenenfalls darauf ein.

– Vermeiden Sie jede „Überbevölkerung": Sie begünstigt Streitereien um das Futter und führt direkt oder mittelbar zur Unterdrückung schwächerer Tiere.

– Sorgen Sie dafür, dass die Schildkröten während der Aktivitätsphasen ihre Vorzugstemperatur erreichen können.

Wichtige Adressen im Ausland :

Schweizerische Interessengemeinschaft für Schildkrötenschutz (SIGS) Postfach CH-4416 Bubendorf Fon +41 (0)79 432 76 32 Fax +41 (0)79 432 76 32 E-Mail: sigs@sigs.ch URL: *http://www.sigs.ch*

Die SIGS gibt auch nützliche Merkblätter heraus, die über folgende Internetadresse bestellt werden können: *http://www.kundert.ch/ schildkroete/ merkblaetter.htm*

SFÖ (Schildkrötenfreunde Österreichs): *c/o* Dr. Harald Artner, Maria Ponsee 32, A-3454 Sitzenberg-Reidling, Fax: +43-2276-6140, Email: 113142.3232@compuserve.com

The Tortoise Trust: *http://www.tortoisetrust.org* The California Turtle and Tortoise Club: *http://www.tortoise.org/ http://www.schildkroeten. com http://www.schildkroeten- buecher.de http://www.schildkroeten lexikon.de http://home.findall.de/ schildkroetenweb/ring.htm*

Deutscher Name	Wissensch. Bez.	Giftige Teile
Acker-Gauchheil	*Anagallis* sp.	Laub, Blüten, Frucht
Ackerschachtelhalm	*Equisetum* sp.	Alle Teile
Afrikanische Lilie	*Agapanthus* sp.	Laub, Knollen
Akelei	*Aquilegia* sp.	Laub, Blüten, Samen
Aloe	*Aloe* sp.	Sukkulente Blätter
Alpenveilchen	*Cyclamen* sp.	Laub, Stängel, Blüten
Amaryllis, Ritterstern	*Amaryllis* sp.	Knollen, Stängel, Blütenteile
Anemone	*Anemone* sp.	Blätter, Blüten
Apfel	*Malus* sp.	Samen (nur wenn sie zerquetscht werden)
Aprikose	*Prunus* sp.	Laub, Kern
Aralie	*Schefflera* sp.	Alle Teile
Avocado	*Persea* sp.	Laub, Frucht (unter best. Umständen)
Azalee	*Rhododendron* sp.	Laub, Blüten
Bambus	*Nandina* sp.	Alle Teile
Begonie	*Begonia* sp.	Knollen, Laub, Blüten
Belladonna	*Digitalis* sp.	Beeren und andere Teile
Besenginster	*Cytisus* sp.	Laub, Blüten, Samen
Betelnusspalme	*Areca catachu*	Alle Teile
Bilsenkraut	*Hyoscyamus* sp.	Alle Teile
Birne	*Pyrus* sp.	Samen (Saft)
Bittersüßer Nachtschatten	*Solanum* sp.	Beeren
Blau-/Grünalgen	*Mycrocystis* sp.	Alle Teile
Blauregen, Glycinie	*Wisteria* sp.	Laub, Samen, Schoten
Blutraute	*Sanguinaria* sp.	Alle Teile
Bohnenbaum	*Laburnum* sp.	Samen und Schoten
Brauner Wulstling (Pilz)	*Amanita* sp.	Alle Teile
Buchsbaum	*Buxus* sp.	Laub, Zweige
Caladium	*Caladium* sp.	Alle Teile
Calla	*Zantedeschia* sp.	Alle Teile
Carolina-Jasmin	*Gelsemium* sp.	Laub, Blüten, Triebe
Christophskraut	*Actaea* sp.	Laub, Früchte
Cissus, Russischer Wein	*Cissus* sp.	Alle Teile
Croton	*Croton* sp.	Laub, Triebe
Dieffenbachia	*Dieffenbachia* sp.	Laub
Dreiblatt	*Trillium* sp.	Laub
Efeu	*Hedera helix*	Alle Teile
Efeutute	*Epipremnum* sp.	Alle Teile
Eibe, Taxus	*Taxus* sp.	Laub
Eiche	*Quercus* sp.	Blätter, Eicheln
Eisenhut	*Aconitum* sp.	Alle Teile
Euphorbie	*Euphorbia* sp.	Laub, Blüten, Milchsaft
Feige	*Ficus lyrata*	Laub, Milchsaft

Deutscher Name	Wissensch. Bez.	Giftige Teile
Fensterblatt (Monstera)	*Monstera* sp.	Alle Teile
Feuerdorn	*Pyracantha* sp.	Laub; u.U. auch Frucht
Feuerkolben	*Arisaema* sp.	Wurzeln (schwach giftig)
Ficus	*Ficus benjamina*	Laub, Milchsaft
Fingerhut	*Digitalis* sp.	Laub, Blüten
Fliegenpilz	*Amanita* sp.	Alle Teile
Flockenblume	*Centaurea* sp.	Alle Teile
Frauenschuh	*Cypripedium* sp.	Laub, Blüten
Gardenie	*Gardenia* sp	bes. Früchte
Gefleckter Schierling	*Conium* sp.	Laub, Samen
Gelber Jasmin	*Gelsemium* sp.	Alle Teile
Gemeines Leinkraut	*Linuria* sp.	Laub
Giftsumach	*Tocicodendron* sp.	Laub, Frucht
Götterbaum	*Ailanthus* sp.	Laub, Blüten
Gummibaum	*Ficus elastica.*	Laub, Milchsaft
Gundermann	*Glecoma* sp.	Laub
Hahnenfuß	*Ranunculus* sp.	Alle Teile
Hartriegel	*Cornus* sp.	Frucht (schwach giftig)
Herbstkrokus	*Colchicum* sp.	Knollen
Himbeere	*Rubus* sp.	Laub, Frucht
Holunder	*Sambucus* sp.	Blätter, Rinde, Triebe
Hortensie	*Hydrangea* sp.	Alle Teile
Hyazinthe	*Hyacinthus* sp.	Knollen, Laub, Blüten
Indischer Hanf	*Cannabis* sp.	Alle Teile
Iris, Schwertlilie	*Iris* sp.	Knollen, Wurzeln, Laub, Blüten
Jamaica-Minze	*Hedeoma* sp.	Laub, Blüten
Jasmin	*Jasminum* sp.	Laub, Blüten (v.a. Nektar)
Kapstachelbeere	*Physalis* sp.	Alle Teile
Kartäusernelke	*Dianthus* sp.	Laub, Frucht
Kartoffel	*Solanum* sp.	frisches Laub, Sprosse („Augen")
Kermesbeere, Pothos	*Phytolacca* sp.	Wurzeln, Frucht
Kirsche	*Prunus* sp.	Fruchtkerne
Kleines Immergrün	*Vinca* sp.	Alle Teile
Klettertrompete	*Campsis* sp.	Alle Teile
Kolbenfaden	*Aglaonema* sp.	Laub
Korallenbäumchen	*Euphorbium* sp.	Alle Teile
Korallenkirsche	*Solanum* sp.	Laub
Kornblume	*Gentaurea* sp.	Laub, Blüten
Kreuzkraut	*Senecio* sp.	Alle Teile
Krokus	*Crocus* sp.	Knollen
Lerchensporn	*Delphinium* sp.	Gesamte Jungpflanze; Samen & Schoten

Deutscher Name	Wissensch. Bez.	Giftige Teile
Liguster	*Ligustrum* sp.	Laub, Beeren
Lobelie	*Lobelia* sp.	Alle Teile
Lorbeer	*Laurus* sp.	Beeren
Lorbeerrose	*Kalmia* sp.	Alle Teile
Löwenmäulchen	*Antirrhinum* sp.	Laub, Blüten
Lupine	*Lupinus* sp.	Laub, Schoten (vor allem die Samen)
Maiapfel	*Podophyllum* sp.	Frucht
Maiglöckchen	*Convallaria* sp.	Laub, Blüten
Maniok	*Casava* sp.	Wurzeln
Margerite	*Chrysanthemum* sp.	Laub, Blüten
Mariendistel	*Silybum* sp.	Laub, Blütenteile
Mescal-Kaktus	*Lophophora* sp.	Alle Teile
Milchstern	*Ornithogalum* sp.	Laub, Blüten
Mistel	*Viscum* sp.; *Phorodendron* sp.	Laub, Beeren
Mohn ⟶	*Papaver* sp.	Alle Teile
Mondsamen	*Menispermum* sp.	Beeren
Mutterkraut	*Tanacetum* sp.	Laub, Blüten
Nachtschatten	*Solanum* sp.	Alle Teile, besonders unreife Früchte
Narzisse	*Narcissus* sp.	Knolle, Blüten
Nektarine	*Prunus* sp.	Laub, Kerne
Nelken	*Dianthus* sp.	Alle Teile
Niembaum	*Melia azedarach*	Beeren
Oleander	*Nerium* sp.	Laub, Stängel, Blüten
Osterglocke, Narzisse	*Narcissus*	Knollen, Laub, Blüten, Schoten
Pastinake	*Pastinaca* sp.	Unterirdische Wurzeln, Laub
Paternostererbse	*Abrus* sp.	Laub, Blüten, Schoten
Pfeffer	*Piper* sp.; *Capsicum* sp.	Laub
Pfeilgiftpflanze	*Acokanthera* sp.	Blüten, Frucht
Pfingstrose, Päonie	*Paeonia* sp.	Laub, Blüten
Pfirsich	*Prunus* sp.	Laub, Kerne
Pflaume	*Prunus* sp.	Laub, Kerne
Philodendron	*Philodendron* sp.	Alle Teile
Platterbse	*Lathyrus* sp.	Samen
Prunkwinde	*Ipomoea* sp.	Laub, Blüten, Samen
Purpurtute	*Syngonium* sp.	Laub, Früchte
Rhabarber	*Rheum* sp. rohes	Laub, Stängel
Rhododendron	*Rhododendron* sp.	Laub, Blüten
Rittersporn	*Delphinium* sp.	Knollen, Laub, Blüten, Samen
Rizinus	*Ricinus communis*	Samen

Deutscher Name	Wissensch. Bez.	Giftige Teile
Robinie	*Robinia* sp.	Rinde, Sprosse, Laub
Rosmarin	*Rosmarinus* sp.	Laub (bei einigen Arten)
Rosskastanie	*Aesculus* sp.	Alle Teile
Salbei	*Salvia* sp.	Laub (bei einigen Arten)
Santakraut	*Eriodictyon* sp.	Laub, Samen
Schachtelhalm	*Equisetum* sp.	Blüten
Schierling	*Comium* sp.; *Cicuta* sp.	Alle Teile
Schmucklilie	*Agapanthus* sp.	Alle Teile
Schöllkraut	*Chelidonium* sp.	Alle Teile
Seidenpflanze	*Asclepsias* sp.	Laub
Sonnentau	*Drosera* sp.	Laub
Springkraut, Impatiens	*Impatiens* sp.	Alle Teile
Stechapfel	*Datura* sp.	Laub, Blüten, Schoten
Stechpalme	*Ilex* sp.	Laub, Beeren
Sternjasmin	*Jasminum* sp.	Laub, Blüten
Sternlilie	*Zigadenus* sp.	Alle Teile (v.a. die Wurzeln)
Strelitzie	*Strelitzia* sp.	Laub, Blüten, Schoten
Tabakpflanze	*Nicotiana tabacum*	Laub, Blüten
Tigerlilie	*Lilium* sp.	Laub, Blüten, Schoten
Tomatenstaude	*Lycopersicon* sp.	Laub, Ranken
Toyon	*Heteromeles* sp.	Beeren
Tragant	*Astragalus* sp.	Alle Teile
Tränendes Herz	*Dicentra* sp.	Laub, Blüten, Wurzeln, Samen
Tulpe	*Liriodendron* sp.	Knolle, Laub, Blüten
Veilchen	*Viola* sp.	Alle Teile
Verbena	*Verbena* sp.	Laub, Blüten
Wacholder	*Juniperus* sp.	Laub
Wandelröschen	*Lantana* sp.	Laub, Blüten, Beeren
Wasserschierling	*Cicuta* sp.	Wurzeln, Laub
Weihnachtsstern	*Euphorbia* sp.	Alle Teile
Wicke	*Vicia* sp.	Samen
Wilder Wein	*Parthenocissus* sp.	Alle Teile
Yucca, Palmlilie	*Yucca* sp.	Laub, Blüten

Tabelle 16: Ganz oder teilweise giftige Pflanzen (nach FRYE 1996 und HIGHFIELD 2000).

8. Weiterführende Literatur

APPLEBY, E. C. & W. G. SILLER (1967): Some Cases of Gout in Reptiles. 1. – Path. Bact. 80: 427–430.

ARTNER, B. (1995): Herstellung von Gelatinefutter für Wasserschildkröten. – Emys, 2 (4/2): 7

ARTNER, B. (1998): Eine neue Variante des Gelatinefutterpuddings für Wasserschildkröten. – Emys, 5 (3): 20–22

AUFFENBERG, W. (1982): Feeding Strategy of the Caicos Ground Iguana, Cyclura carinata. [In: BURGHARDT, G. M. & A. S. RAND (Hg.) (1982): Iguanas of the World: Their Behavior, Ecology and Conservation: 84-166] – Park Ridge, N.J. (Noyes Publishing).

AVERY, H. W. (1989) Role of diet, protein and temperature in the nutritional energetics of the turtle, Trachemys scripta: Implications for the nutritional ecology of the Desert tortoise. – Desert Tortoise Council, Proc. 1987–1991 Symposia: 160.

BACON, J. P. (1980): Some observations on the captive management of Galapagos tortoises. Reproductive Biology and Diseases of Captive Reptiles (hg. von J. B. MURPHY & J. T. COLLINS). – Utica, N.Y: (SSAR).

BAER, D. J. & O. T. OFTEDAL (1995): Effects of Temperature on Nutrient Utilization in Herbivorous Reptiles. – Desert Tortoise Council, Proc. 1995 Symposium: 54–55.

BARTEN, S. L. (1982): Fatal Metastatic Mineralisation in a Red-footed tortoise. – Veterinary Medicine, Small Animal Clinician, April 1982: 595–597.

BELKIN, D. A. (1965): Reduction of Metabolic Rate in Response to Starvation in the Turtle, Sternotherus minor. – Copeia, 1965 (3): 367–368.

BJORNDAL, K. A. (1985): Nutritional ecology of the sea turtle. – Copeia 1985: 736–751.

BJORNDAL, K. A. (1987): Digestive efficiency in a temperate herbivorous reptile, Gopherus polyphemus. – Copeia 1987: 714–720.

BJORNDAL, K. A. (1991): Diet mixing: non-additive interactions of diet items in an omnivorous freshwater turtle. – Ecology 72: 1234–1241.

BJORNDAL, K. A. & A. BOITEN (1993): Digestive Efficiencies in Herbivorous and Omnivorous Freshwater Turtles on Plant Diets: Do Herbivores have a Nutritional Advantage? – Physiol. Zool. 66 (3):384–395.

BLOMHOFF, R. / GREEN, M. H. / BERG, T. & K. R. NORUM (1990): Transport and Storage of Vitamin A. – Science 250:239–240.

BRAMBEL, C. E. (1941): Prothrombin Activity of Turtle Blood and the Effect of a Synthetic Vitamin K Derivative. 1. – Cell Comp. Physiol. 18: 221–232.

COBO, M. & A. ANDREU (1988): Seed consumption and dispersal by the Spur-thighed tortoise Testudo graeca. – OIKOS 51: 267–273.

COOPER, J. E. & O. F. JACKSON, 0. F. (Hg.)(1981): Diseases of the Reptilia. – London (Academic Press).

CZAJKA, A. F. (1981): Gelatin-Bonded Food for Turtles. – Bull. Chic. Herp. Soc. 16 (2): 40–41.

DANTZLER, W. H. & B. SCHMIDT-NIELSEN (1966): Excretion in Fresh-Water Turtle (Pseudemys scripta) and Desert Tortoise (Gopherus agassizii). – Am. J. Physiol. 210: 198–210.

DANTZLER, W. H. & F. R. DUTRA (1974): Hypothyroidism in Turtles and Tortoises. – Vet. Med. / Small Anim. Clin. 69: 990–993.

DANTZLER, W. H. & J. D. CARNEY (1975): Parathyroid Adenoma in a Tortoise. – Vet. Med. / Small Anim. Clin. 70: 582–584.

DANTZLER, W. H. (1976): Articular Pseudogout in a Turtle (Chrysemys p. elegans). – Vet. Med./ Small Anim. Clin. 71: 655–659.

DANTZLER, W. H. et al. (1976): Spontaneous Diabetes in a Turtle. – Vet. Med. / Small Anim. Clin., 71: 935–939.

DANTZLER, W. H. (1989): Vitamin A Sources, Hypovitaminosis A, and Iatrogenic Hypervitaminosis A in Captive Chelonians. [In: KIRK, R. W. (Hg.): Current Veterinary Therapy, Vol. X., 791–796]. – Philadelphia (W. B. Saunders Co.).

DAUM, R. (1998): Europäische Landschildkröten. Hannover (Landbuch-Verlag).

DENNERT, C. (1997): Untersuchungen zur Fütterung von Schuppenechsen und Schildkröten. – Hannover (Dissertation Tierärztliche Hochschule H.)

DENNERT, C. (1999a): Ernährung europäischer Landschildkröten, Teil 1. – Reptilia (Münster) 4(3): 32–39.

DENNERT, C. (1999b): Ernährung europäischer Landschildkröten, Teil 2. – Reptilia (Münster) 4(4): 51–58.

DENNERT, C. (2000): Verwendung von Heucobs als Ergänzungsfutter für Landschildkröten. – Draco (Münster) 1 (2): 52–55.

EGGENSCHWILER-LEU, U. (1996): Die Landschildkröte in der tierärztlichen Praxis. – Siblingen (im Selbstverlag der Autorin).

EGGENSCHWILER-LEU, U. (1998): Ernährung. – Fachmagazin Schildkröten 1 (2): 56–59.

EGGENSCHWILER, U. (2000): Die Schildkröte in der tierärztlichen Praxis. – Siblingen (im Selbstverlag der Autorin).

ENGBERG, N. J. (1980): Feeding your chelonian. – Tortuga Gazette, April 1980.

ESQUE, T. C. & E. L. PETERS (1994): Ingestion of bones, stones and soil by Desert tortoises. – Fish and Wildlife Research 13: 105–111.

FENCHEL, T. M. / McROY, C. P. / OGDEN, J. C. / PARKER, P. & W. E. RAINEY (1979): Symbiotic cellulose degradation in Green Turtles. – Applied and Environmental Microbiology 37 (2): 348–355.

FIFE, R. (2000): Protein does not cause pyramiding. – Kingsnake Forum Post.

FINLAYSON, R. & S. J. WOODS (1977):. Arterial Diseases of Reptiles. – J. Zool. Soc. Lond. 183: 397–410.

FRYE, F. L. (1974): The role of nutrition in the successful captive management of reptiles. – Proceedings of the California Vet. Med. Association, 86th annual seminar: 5–15.

FRYE, F. L. (1993) A Practical Guide for Feeding Captive Reptiles. – Malabar, Florida (Krieger).

HACKETHAL, U. (1998): Schildkrötenfutter – die Qual der Wahl? – Journal der AG Schildkröten, 7 (1): 21–22

HAGGAG, G. (1966): Hibernation in Reptiles. II. Changes in Blood Glucose, Hemoglobin, Red Blood Cell Count, Protein and Non-Protein Nitrogen. – Comp. Biochem. Physiol. 17: 335–339.

HAGGAG, G. et al. (1965): Hibernation in Reptiles. 1. Changes in Blood Electrolytes. – Comp. Biochem. Physiol., 16:457–465.

HANSEN R. M. / JOHNSON, M. K. & T. R. VAN DEVENDER (1976): Foods of the desert tortoise *Gopherus*

HERSCHE, H. (2000): Die Aufzucht mediterraner Landschildkröten. – Fachmagazin Schildkröten (Sonderdruck).

HIGHFIELD, A. C. (1987) Causal Factors of Mortality in Captive Collections.– Testudo 2 (5):15–17.

HIGHFIELD, A. C. (1988): Notes on Dietary Constituents for Herbivorous Terrestrial Chelonia and their Effect on Growth and Development. – Utica, New York (SSRA) [Nachgedruckt in: The Feeding Manual, Tortoise Trust,. London].

HIGHFIELD, A. C. (1988a): Practical Dietary Recommendations For Hatchling Tortoises. – Tortoise Trust technical bulletin No 18.

HIGHFIELD, A. C. (1988b) Husbandry Notes: Observations on Dehydration in Reptiles. – The Rephiberary, Nr. 131.

HIGHFIELD, A. C.(1990) Keeping & Breeding Tortoises in Captivity. – Bristol (R & A Publications).

HIGHFIELD, A. C. (1996) Practical Encyclopedia of Keeping and Breeding Tortoises and Freshwater Turtles. – London (Carapace Press).

HIGHFIELD, A. C. (1997) High growth rates and vitamin D3 – a response. – The Tortuga Gazette 33 (12): 2: 8–9.

HIGHFIELD, A. C. (1999) Feeding Your Tortoise. – London (Carapace Press Video).

HIGHFIELD, A. C. (1999b) Practical Care of Mediterranean (Greek) Tortoises. – London – New Jersey (Carapace Press Vidi-Herp Series).

HIGHFIELD, A. C. (2000) The Tortoise and Turtle Feeding Manual. – UK (Carapace Press)

HIGHFIELD, A. C. & J. R. BAYLEY (1996): Observations on ecological changes threatening a population of Testudo graeca graeca in the Sousse Valley, southern Morocco. – Chelonian Conservation and Biology 2 (l): 36–42.

HOFFMANN, R. & M. BAUR (2000): Verdauung bei Landschildkröten. – Fachmagazin Schildkröten 2 (2): 17–21.

HOFFMANN, R. & M. BAUR (2000): AGROBS – Biofutter für Landschildkröten. – Fachmagazin Schildkröten 2 (2): 24–25.

HOLMES, W. N & R. I. McBEAN (1964): Some Aspects of Electrolyte Excretion in the Green Turtle, Chelonia mydas mydas. 1. – Exp. Biol., 41: 81–90.

HOLT, P. E. (1978): Radiological studies of the alimentary tract in two Greek tortoises. – Veterinary Record 103: 198–200.

JACKSON, D. G. (1969): Buoyancy Control in the Freshwater Turtle, Pseudemys scripta elegans. – Science 166: 1649–1651; 1969.

JACKSON, G. G., Jr. et al. (1976): An Accelerated Growth and Early Maturity in Gopherus agassizii (Reptilia, Testudines). – Herpetologica 32 (2): 139–145.

JACKSON, J. O. / TROTTER J. A., T. H. & M. W. (1976): Accelerated growth rate and early maturity in Gopherus agassizii (Reptilia: Testudines). – Herpetologica 32: 139–145.

JACKSON, O. & M. D. FASAL (1981): Radiology in tortoises and turtles as an aid to diagnosis. – J. Small Anim. Pract. 22: 705–716.

JACKSON, Q. F. & J. E. COOPER (1981): Nutritional Diseases. [In: COOPER, J. E. & Q. F. JACKSON (Hg.): Diseases of the Reptilia, Vol. 2., 409–428]. – London (Academic Press).

JARCHOW, J. L. (1984): Veterinary Management of the Desert Tortoise, *Gopherus agassiziizi* at the Arizona-Sonora Desert Museum: A rational approach to diet. – Gopher Tortoise Council, Proceedings 1984 Symposium: 83–94.

KAUFFELD C. (1969):. The effect of altitude, ultra-violet light and humidity on captive reptiles. – International Zoo Yearbook 9: 8–9,

KEYMER, I. F. (1978): Diseases of Chelonians: (1) Necropsy survey of tortoises. – Veterinary Record 103: 542–548.

KING, O. (1996): Reptiles and Herbivory. – London (Chapman & Hall).

KIRSCHE, W. (1997): Die Landschildkröten Europas. – Melle (Mergus-Verlag).

KRAMER, D. C. (1973): Geophagy in Terrapene ornata ornata AGASSIZ. 1. Herp. 7 2):138–139.

LAMBERT, M. R. K. (1986): On the Growth of the captive-bred Mediterranean Testudo in N. Europe. [In ROCEK, Z. (Hg.): Studies in Herpetology, 309–314]. – Prag (Karls-Universität).

LAMBERT, M. R. K. (1988): Natural Bioclimatic range and the Growth of captive-bred Mediterranean Testudo L. in Northern Europe: Implications for conservation farming. – British Herpetological Society Bulletin, No. 24: 6–7.

LONGEPIERRE, S. & C. GRENOT (1999): Some effects of infestinal nematodes on the plant foraging behaviour of Testudo hermanni hermanni in the South of France.– p. 277–284, in: Miaud, C. & G. Guyetant (Hg.): Current Studiens in Herpetology, Le Bourget du Lac (SEH), 480 S.

MACARTHUR, J. (1996): Veterinary Management of Tortoises and Turtles. – Oxford (Blackwell Science).

MCARTHUR, E.D./SANDERSON, S.C/WEBB, B.L. (1994): Nutrive qualityand mineral content of potential desert tortoise food plants. Ogden Intermountain Research Station. 26 S.

MEDICA, P. A. / BURY, R. B. & R. A. LUCKENBACH (1980): Drinking and Construction of Water Catchments by the Desert Tortoise, Gopherus agassizii , in the Desert. – Herpetologica 36 (4): 301–304.

MENKE, K.-H. & W. HUSS (1987): Tierernährung und Futtermittelkunde. – Stuttgart (Eugen Ulmer Verlag).

METTLER, F. / PALMEN, D. / RÜBEL, A. & E. ISENBÜGEL (1982): Gehäuft auftretende Fälle von Panakeratosen mit Epithelablösung bei den Landschildkröten. – Verhandlungsber. XXIV Intern. Symp. Erkrankungen der Zootiere, Vészprem: 245–248.

MEYER, H. / BRONSCH, K. & J. LEIBETSEDER (1993): Supplemente zu den Vorlesungen und Übungen in der Tierernährung. – 8. Aufl. Hannover (Schaper).

MEYLAN, A. (1988): Spongivory in Hawksbill Turtles: A diet of Glass. Science. 239:393–395; 1988.

MÖRCK, U. (1997): Untersuchungen über die bakterielle Zusammensetzung der Rachen- und Darmflora von gesunden in Süddeutschland gehaltenen Landschildkröten. – Inauguraldissertation München.

MOSKOVITS, D. & K. A. BJORNDAL (1990): Diet and Fond Preferences of the Tortoises *Geochelone carbonaria* and *G. denticulata* in North-western Brazil. – Herpetologica 46 (2): 207–218.

MÜLLER, V. & W. SCHMIDT (1995): Landschildkröten. Münster (Natur + Tier Verlag). 191 S.

NAGY, K. A. (1998) Energy and Water requirements of juvenile and adult desert tortoises in the Mojave desert. [Lecture to: International Conference on Tortoises and Turtles, Cal. State Univ. July 30–Aug. 2].

NOCEK, J. E. (1991): The link between Nutrition, Acidosis, Laminitis and Environment. – Tully, N.Y. (Agway Research Centre).

NÖLLERT, A. (1992) : Schildkröten, 2. Auflage., Hannover (Landbuch Verlag) 192 S.

PALIKA, L. (1996); The Consumer's Guide to Feeding Reptiles. – New York (Howell Book House).

PALMER, D. G. / RÜBEL, A. / METTLER, F. & L. VOLKER (1984): Experimentell erzeugte

Hautveränderungen bei Landschildkröten durch hohe parenterale Gaben von Vitamin A. – Žbl. Vet. Med. A. 31: 625–633.

PRITCHARD, P. C. (1986): A Reinterpretation of Testudo gigantea SCHWEIGGER, 1812. – J. Herpetology 20 (4): 522–534.

PRITCHARD, P. C. & P. TREBBAU (1984): The Turtles of Venezuela. – Utica, N.Y. (SSAR).

REID, D. B. (1982): Feeding juvenile Tortoises. – The Rephiberary, No. 61: 1–2.

RHODIN, A. G. J. (1974): Pathological Lithophagy in Testudo horsfieldi. – J. Herp. 8: 385–386.

ROGNER, M. (1995): Schildkröten 1 – Chelydridae – Dermatemydidae – Emydidae. Bosselbach (Heiro Verlag). 192 S.

ROGNER, M. (1996): Schildkröten 2 – Kinosternidae, Platysternidae, Testudinae, Trionychidae, Carettochelydae, Cheloniidae, Dermochelydae, Chelidae, Pelomedusidae. Bosselbach (Heiro Verlag). 265 S.

ROSSKOPF, W. J. (1981): Initial findings in a three year mortality study on desert tortoises. – Tortuga Gazette, May 1981: 4–5.

ROSSKOPF, W. J. (1982): Normal hemogram and blood chemistry values for California desert tortoises. – Tortuga Gazette, March 1982: 4–6.

ROSSKOPF, W. J. (1982a): Severe shell deformity caused by a deficient diet in a California Desert Tortoise. – Veterinary Medicine, Small Animal Clinician, April 1982: 593–594.

ROSSKOPF, W. J. / HOWARD, E./GENDRON, A. P./WALDER, E. & J. O. BRITT (1981): Mortality studies on Gopherus agassizii and Gopherus berlandieri tortoises. – Desert Tortoise Council, Proceedings 1981 Symposium: 108–112.

ROTH, L. & M. DAUNDERER, K. KOREMANN, M. GRÜNSFELDER (2000): Giftpflanzen – Pflanzengifte. Giftpflanzen von A–Z, Notfallhilfe, allergische und phototoxische Reaktionen, 4. Auflage, Hamburg (Nikol Verlag)

SACHSSE, W. (1998): Fortpflanzungsstrategien bei Schildkröten. – Vortrag auf der DGHT-Jahrestagung, Dormagen 1998.

SAMOUR, H. J. / SPRATT, D. / HART, H. O. / SAVAGE, B. & C. M. HAWKEY (1987): Biomedical survey of the Aldabra Giant Tortoise Geochelone gigantea population on Curieuse island. – Zoological Soc. of London.

SASSENBURG, L. (1998): Ratgeber Schildkrötenkrankheiten. – Ruhmannsfelden (bede verlag).

SCHMIDT-NIELSEN, K. (1963): Nasal Salt Excretion and the Possible Function of the Cloaca in Water Conservation. – Science 142: 1300–1301.

SCHMIDT-NIELSEN, K. (1964): Desert Animals. – New York (Oxford Univ. Press), 225–251.

SCHULKIN, J. (1995) Do Reptiles have Mineral Appetites? – Desert Tortoise Council, Proc. 1995 Symposium: 66–68

SEIDEL, M. E. & H. M. SMITH (1987): Chrysemys, Pseudemys, Trachemys (Testudines: Emydidae): Did Agassiz Have it Right? –Herpetologica 42 (2): 242–248.

SHAW, C. E. (1961): Breeding the Galapagos tortoise. – International Zoo Yearbook, No. 3: 102–104.

SHINE, R. (1983): Food Habits and Reproductive Biology of Australian Elapid Snakes of the Genus Denisonia. – J. Herp. 17 (2): 171–175.

SKOREPA, A. C. (1966): The Deliberate Consumption of Stones by the Ornate Box Turtle, Terrapene ornata Agassiz. – J. Ohio Herp. Soc. 5: 108.

SOKOL, O. M. (1967): Herbivory in Lizards. – Evolution 21: 192–194.

SOKOL, O. M. (1971): Lithophagy and Geophagy in Reptiles. – J. Herp. 5: 69–71.

SOKOL, O. M. (1976): Herbivory of Lizards. – Evolution, No 21: 192–194.

SOLAR, S. (1997): How to raise baby tortoises indoors. – The Tortuga Gazette. 33 9: 5–10.

SPENGLER, E. (1999): Harnuntersuchung bei Landschildkröten. Diss. (München) Inst. f. Zoologie.

THROP, J. L. (1979): Note on the management and reproduction of the Galapagos tortoise at Honolulu Zoo. [In: MARTIN, R. D. (Hg.): Breeding Endangered Species in Captivity]. – London – New York.

ULLRICH, W. (1999): Landschildkröten. – Niedernhausen (Falken-Verlag).

VIVIEN-ROELS, B. / ARENDT, J. & J. BRADTKE (1979): Circadian and circannual fluctuations of pineal indoleamines (serotonin & melatonin) in Testudo hermanni. – General and Comparative Endocrinology 37: 197–210.

WESER, R. (1988):Zur Höckerbildung bei der Aufzucht von Landschildkröten, Sauria 10, S. 22–25.

ZIRNGIBL, R. (2000): Griechische Landschildkröten. – Ruhmannsfelden (bede-Verlag).

9. Danksagung

Für die tatkräftige Unterstützung danken wir den Herren Holger Vetter, Markus Baur und Dr. Jörg Schwarzendrube ganz herzlich.

Weiterhin möchte der Verlag sich bei den folgenden Personen für die zur Verfügung gestellten Fotos bzw. für die Bereitstellung ihrer Tiere zu fotografischen Zwecken bedanken: Rüdiger Daum (Fauna Exotica), Walter und Monika Matzanke sowie Klaus-Dieter Schulz. Ein besonderer Dank geht auch von Felix Hulbert an Dieter Vogel sowie das gesamte Team des Exotariums im Zoo Frankfurt für die Geduld bei den langatmigen Fototerminen.

Die grüne Riesenschildkröte (*Caretta esculenta*) aus SCHINZ, H.R. (1833):
Naturgeschichte und Abbildungen der Reptilien